# THREE ESSAYS ON THE THEORY OF SEXUALITY

# 性

## 學
## 三論

《性學三論》研究人類性慾的本質及其發展過程，
以精神分析的視野觀看性慾、性行為、同性戀……等種種性議題，
是佛洛伊德性別理論的精華，
也是其繼《夢的解析》之後對人性探討中最富創見和最永恆的貢獻之一。

**格蒙‧佛洛伊德** SIGMUND FREUD ——— 著　孫中文 ——— 編譯

# 目　錄

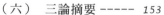

# 科學與歷史交疊的重量

美國加州大學戴維斯分校歷史系 助理教授 姜學豪

　　記得第一次閱讀《性學三論》是大二那年，在美國南加大修了一門美國性別史的通識課。認識我的人都知道，這門課啟發了我對科學史的興趣。雖然 Lois Banner 教授沒把《性學三論》列入必讀書單，但課堂上的介紹仍令我大開眼界，使我反思對佛洛伊德長期以來的刻板印象。

　　當時 Lois 出版了一本關於人類學家 Ruth Benedict 和 Margret Mead 的傳記。二十世紀初，這兩位畢業於美國哥倫比亞大學剛萌芽的人類學系，顛覆社科對文化、種族、性別等議題的認知，是近代女性知識份子裡的傳奇人物，也偕手度過二十世紀裡最具代表性的一份友誼，甚至愛情。雖然早期性科學缺乏女性專家的聲音，但像 Benedict 跟 Mead 這樣重要的女性公共知識份子，仍非常關注精神分析及其他性學學派對於性別與性發展的理解。[1] 我大學接下來三年，除了私下細讀 Benedict 與 Mead 的著作，也沈迷於深刻影響他們早期的性學作品，包括佛洛伊德的《性學三論》。

　　1905年《性學三論》首度面世，之後的二十年，佛洛伊德

1. Lois Banner, Intertwined Lives: Margaret Mead, Ruth Benedict, and Their Circle (New York: Alfred A. Knopf, 2013)。

經多次修改，把原先八十頁的書稿擴寫至一百二十來頁。現今
精神分析理論的重要概念，如閹割情結和陽具崇拜，也是後來
才寫入的，沒出現在原稿。書裡他大膽挑戰世俗的眼光，闡述
人類「性對象」與「性目標」的區分、孩童性精神發展（指出
不只大人，就連小孩也有性衝動）、性變態是人類的本性與本
質、潛在同性戀慾望是正常現象（「所有人其實都有選擇同性
性對象的能力，在潛意識中也早就在這麼做」）、異性戀並非
與生俱來的特徵（「一個男人會對女人產生性趣，絕不是一件
理所當然的事情」）等。

　　透過這些論點，佛洛伊德把人類性慾呈現為一項生理機
能，一種生命的動能，發展過程或許被阻礙、壓抑、培養、
轉移、昇華。雖然在當時性學圈裡，他最大的貢獻常被認
為是他所創設的心理起因學說，豐富先天雙性理論 (bisexual
disposition)且推翻之前對「性倒錯(sexual inversion)」的變異性
學說(degeneration)，但有如 Frank Sulloway 等學者指出，佛洛
伊德的初衷還是以生物學的角度去探討人性，因為在他的認知
裡，性慾是人類最原始的生理能量。[2]

2. Frank J. Sulloway, Freud,
Biologist of the Mind: Beyond
the Psychoanalytic Legend
(New York: Basic Books,
1979)。

　　為什麼佛洛伊德要選寫《性學三論》？如剛才已提到，
二十世紀初是性學蓬勃時期，眾多學者來自不同領域，包含

法學、精神科學、神經病學、生物學、民族學、心理學、歷史學甚至文學，都加入討論，豐富了性學學科的建立，其中以 Magnus Hirschfeld 在柏林創設的性科學學院(Institut für Sexualwissenschaft, 1919-1933)為最鮮明且劃時代的榜樣。但佛洛伊德一生一直跟性學及其眾學門大師保持距離，因為對他而言，鞏固精神分析學的學術地位才是最重要的目標。

因此，《性學三論》其實是透過「性學」之名（英文原名《Three Essays on the Theory of Sexuality》其實沒出現「性學」一詞），再次奠定他一生最大的貢獻：細膩挖掘「潛意識」(unconscious)的運作並把它設立為一個科學研究對象。透過《性學三論》，佛洛伊德告訴我們各種性變態傾向均存在於精神病患的「潛意識」裡，精神病是性變態的一種負面展現。也因為他給了我們「潛意識」這個概念和思考途徑，間接挑戰宗教的知識論地位，佛洛伊德的精神分析理論，如達爾文的進化論跟愛因斯坦的相對論，在十九、二十世紀科學革命裡佔有一席之地。

常常有人批評精神分析的文化束縛，說它隱約透露西方中心主義。這種批評有它的著力點，但也有缺陷。值得注意的是，在東亞社會很少有人會如此質疑達爾文或愛因斯坦的科學

論證（雖說從科學哲學的觀點看來，兩者都有遺漏未解決的問題，須受往後門徒的調整）。但我認為，還可以從另一個角度看佛洛伊德的作品及其重要性。近幾年美國學界出了一系列學術專書，把佛洛伊德精神分析學放進全球史的脈絡討論，勾勒出大眾文化如何挪用、顛覆並突破精神分析概念，在二戰以降的歷史時空裡突顯自我認同的觀念與政治張力。[3] 因為在這一連串的歷史變局，我們無法將東亞社群的演變置身事外，對於評估佛洛伊德與精神分析學在近代東亞社會史的參數，一樣來得迫切。[4]

最近我在完成自己的第一本著作專書《閹人之後：現代中國科學、醫療與變性》，但我很疑惑什麼時候該「放手」，把完稿提交給出版社。我一位同事跟我說，什麼時候「放手」都沒有對錯，因為經過研究跟選寫這本書的過程，我們已成長為很不一樣的人。我覺得這樣的比喻，或許也能協助我們理解閱讀一本書的經驗。十五年前，我還是一位雙修生化與心理學的大二生，我以為佛洛伊德的想法像瘋子，我認為他對科學沒有重大貢獻，我沒聽過《性學三論》註腳裡引用的任何一位同期作者，我以為歷史是死的、在科學的世界裡存在一種崇高的真相。如今，我對研究跨文化科學與醫療史有濃厚的興趣，我覺得佛洛伊德是位天才，我認為他的精神分析論跟進化論與相對

3. 見 Eli Zaretsky, Political Freud (New York: Columbia University Press, 2015); Dagmar Herzog, Cold War Freud: Psychoanalysis in an Age of Catastrophes (Cambridge: Cambridge University Press, 2016); 以及 Omnia El Shakry, The Arabic Freud: Psychoanalysis and Islam in Modern Egypt (Princeton: Princeton University Press, 2017)。

4. 關於佛洛伊德對東亞文化的影響初步討論，請見 Jingyuan Zhang, Psychoanalysis in China: Literary Transformations, 1919-1949 (Ithaca: Cornell University East Asia Program, 1992); 以及 Howard Chiang, ed., Psychiatry and Chinese History (London: Pickering & Chatto, 2014; Routledge, 2016)。

論可列為同等級的科學革命角色，我熟悉大部份《性學三論》所引用的種種性學論述，我明白對歷史的解讀跟科學建立的真理一樣難成不朽的定局，十五年後再讀這本書的我，卻重新認識科學與歷史交疊的重量。

二〇一七年七月十九日，於加拿大安大略省滑鐵盧市

# 女性主義與佛洛伊德的百年爭辯

高雄醫學大學性別研究所 助理教授 李淑君

　　西格蒙德・佛洛伊德1905年出版的《性學三論》(Three Essays on the Theory of Sexuality)在台灣再次被翻譯出最新譯本，為經典再譯的重要成果。《性學三論》對後人產生不少影響並引發許多爭辯，有其理論上必須好好理解的重要性。佛洛伊德在出版此書時，顛覆了他那時代的人認為兒童是「無性的」的想法，如書中所言：「大部分人認為，性衝動的出現始於青春期，幼兒並不會有性衝動的出現，這樣的觀點起因我們對性生活的基本規則缺乏了解所造成」。從台灣現今的性教育與性別教育的脈絡來看此觀點，不少反對性平教育論述藉由將兒童視為「去性的」、「無性的」，進一步排斥中、小學關於性與性別的教學，便是落入將兒童視為「無性的」與「去性的」假定中。因此今日的性教育如何以性平觀點落實性教育，並在未成年階段好好討論是重要的，而非將未成年與兒童放置在「無性的、去性的」想像當中。

　　其次，雖然佛洛伊德將同性戀、雙性戀稱為「性倒錯」(Inversion)，但在此書中也提出心理的雌雄同體與生理的雌雄同體之間並沒有緊密的聯繫，此論點將生理性別與性別認同脫

鉤，兩者並不必然直接等同。而書中也提出「精神分析學說始終極力反對將同性戀視作異類，將其與正常人群分離開來。透過性興奮的研究，我們發現所有人其實都有選擇同性性對象的能力，在潛意識也早就這麼做」，並提出「性衝動不以生殖為目的，自由不受拘束」，但文化中「將一切不為生殖服務的性衝動，都受到束縛」，可以看出佛洛伊德早已指出異性戀框架、生殖為目的的性無法框限人的慾望。劉毓秀針對這一點也指出佛洛伊德的貢獻：「佛洛伊德理論顯示，生物性別、性傾向、性別特質三者之間並沒有必然的連結，這對『男女天生有別』的頑固迷思以及強制異性戀機制(compulsory heterosexuality)不啻致命的一擊。」[1] 除了生物性別、性傾向、性別特質三者之間並沒有必然的連結之外，劉毓秀在討論精神分析女性主義時，提到佛洛伊德時有不少論辯，但也提到佛洛伊德理論的幾點意義與貢獻，包含佛洛伊德所描述的實際情境能夠幫助我們理解男尊女卑文化在心靈結構的形成與運作層面的狀況。

然而，佛洛伊德的理論引發的女性主義辯論也由來已久。不少論者從生物決定論、陽具崇拜(penis-envy)的理論切入討論。如佛洛伊德在《精神分析新論》(New Introductory Lectures on Psycho-anaysis)在探討女性身體與慾望時，將陰蒂比

1. 劉毓秀，〈精神分析女性主義〉，林芳玫等，《女性主義理論與流派》(台北：女書，2000)，頁159-200。

喻被「截掉頭部的陰莖」，小女孩擁有的陰蒂如同「較小型」的陰莖，此論點便是將男性視為參照主體來詮釋女性，女性被比喻為不完整的男性。對此，露西‧伊瑞葛來(Luce Irigaray)在《此性非一》中批判佛洛伊德的力比多(Libido)論述是男性視野的。此外佛洛伊德在解釋女性身體與慾望時，將陰蒂視為屬於「男性特質」，陰道屬於「女性特質」的二元對立的發展模式，是將女性視為匱乏的、小男孩、萎縮退化、陽具崇拜的客體。露西‧伊瑞葛來(Luce Irigaray)進而提出女人的性器官並非單一的性器官，而以「此性非一」的多元性器官來批判佛洛伊德陽具化的論述模式。[2]

　　女性主義精神分析學家Alfred Adler、Karen Horney、Clara Thompson則提出性別身份、性別行為和性取向是社會價值的產物，而非生物決定論，批判佛洛伊德的生物決定論。自由主義女性主義者貝蒂‧傅瑞丹(Betty Friedan)提出佛洛伊德將女性的不滿意與不滿足歸因於生理因素，而非社會經濟與文化地位的不平等。然而，持不同論述的則有茱麗葉‧米切爾(Juliet Mitchell)在《精神分析與女性主義》(Psychoanalysis and Feminism)提出佛洛伊德並非簡單的生物決定論，而是表明社會性存在是如何從生物性存在裡呈現出來。上述種種論辯，皆可以看到佛洛伊德所造成的影響與引發的辯論眾多，因此對佛

2. 露西‧伊瑞葛來(Luce Irigaray)，李金梅譯，《此性非一》(台北：桂冠，2005)。

洛伊德的性學理論，勢必有完善理解的需要。本文認為今日閱讀西格蒙德・佛洛伊德的《性學三論》，最重要的讀者視角還是必須將權力、性別、與性之間的關係進行思考，在理解心理狀態的形成時，必須鑲嵌在社會結構因素當中，亦即在思考精神分析時，文化、法律、政治、經濟、社會等外在結構如何形塑心理、精神、性別、性與慾望等內在範疇，其中的聯繫便是最重要的關注所在。

寫於二〇一七年七月二十二日

參考文獻：

- Rosemarie Putnam Tong，艾曉明譯，《女性主義思潮導論》（武漢：華中師範大學出版社，2002年）。

- 林芳玫等，《女性主義理論與流派》（台北：女書，2000年）。

- 露西・伊瑞葛來(Luce Irigaray)，李金梅譯，《此性非一》（台北：桂冠，2005年）。

# 出版序

　　初讀佛洛伊德《性學三論》是2013年，那年為了考研究所而將它列入書單，當時讀的還是唯一的正體中文版本。二十餘年前出版的書本，頁已發黃剝落，但內容字字仍是歷久彌新，即便我只是匆匆抄錄，卻仍舊震撼於佛洛伊德的見解，百年前的大膽論點，百年後仍然前衛。只不過，彼時的我萬萬猜不到現時的我，又能有幸與此書再度結緣。

　　《性學三論》最早於1905年發表，但此後佛洛伊德卻不斷地修改其中的論述，截至1924年的最後一版，共有四種版本。其中許多觀點都有相當的修改與調整，而這些調整後的差異，即是精神分析學派與佛洛伊德思想脈絡的軌跡。而後，《性學三論》也被翻譯為多種語言，本書的編譯便以最完確且流傳最廣的版本──James Strachey於1949年所翻譯的英譯本為基礎，令其重新面世，讓正體中文的讀者能有更新的譯本可以閱讀。

　　如今放眼全球，性別平等議題的討論起落不休，於此時出版《性學三論》我想不啻有其非凡意義。期待此書能帶給人們更多不同的視角，在學術研究、醫學病理、社會法律，乃至時事議題的範疇，都能相互映照，成就更廣闊且溫柔的眼光。

孫中文　台北，2017年，夏

# 原版序

　　世界上的烽煙戰火逐漸消散，但全世界對精神分析研究的興趣卻越來越濃。我一方面欣慰，卻也憂心不是許多觀點和研究都讓大家青睞與接受。

　　精神分析學說中，「純粹心理學」方面的創造與發現，如潛意識、壓抑作用、致病的矛盾與衝突、疾病的益處、症狀形成的機制等，日漸得到人們的認可，甚至連以往不接受的人們也逐漸重視。但與生物學相關的學說，即是這本書包含的要義——「性學」卻一再引起爭議，甚至部分曾埋首研究精神分析的人將之揚棄，轉而以其他路徑來定義「性因素」，來闡釋在正常和病態的精神生活中所引發的作用。

　　儘管情況如此，我依舊堅信同樣源自細緻各觀觀察的「性學」，與「純粹心理學」一樣接近事實的真相，無論透過不斷論證回溯，或是一再的事實檢驗。不過世人有如此大相徑庭的反應，本身也不難解釋。首先，只有那些擁有足夠耐心和學識精湛的人，才能將分析深入到被觀察者早年的生活之中，從而證實我提出人類性生活本源的說法。但是，醫學治療往往要求迅速見效，這也就使得這種可能性大大降低。同時，只有那些擁有精神分析理論基礎的醫師才具備相關的素養，從而能不受自身喜惡和偏見的影響，做出專業的判斷。

　　有些人抵制精神分析學說最主要的理由，乃是因為本書強調「性」的重要，他們不同意人類一切行為意義都與性有關，並批判精神分析學說是一種「泛性主義」，指責它將一切都用「性」來解釋。但人出於維護自己的情感，在情感作用下常常混淆是非，選擇遺忘或者扭曲，於是便「震驚」於這樣的說法，從而抵制。其實很久以前，哲學家叔本華就曾指出：「性衝動決定人們的行為和追求。」他所說的性衝動難道就不是我們一般意義上理解的性衝動嗎？這句發人深省的警示依舊烙印在我們心上。

　　至於性學概念的延伸，這是在分析孩童和所謂的性變態現象時所不可避免的。（如果人們早就學會觀察孩童，那我也就根本不必再去寫這些文章了。）最後，我想那些自以為「高高在上、對精神分析大肆批判」的人，都可以再試著沉澱與沉默一番，因為學說裡所擴展的性學觀念，和與哲人柏拉圖所說的，那種純潔無垢的「愛」，何其相似。

*Sigm. Freud*

西格蒙德・佛洛伊德　維也納，1920年5月

第一篇

《性學三論》

Chapter 1

# 人人都有點「性變態」

*(Die sexuellen Abirrungen)* [1]

在生物學的範疇中，時常用「性慾」（Geschlechtstriebs）一詞來代指人和動物的生理需求。這種用詞其實是套用於食慾的概念。饑餓引發食慾，但我們的日常用語中卻沒有相應的詞語可以形容生理上的饑餓；在學術界，類似的性饑渴則被稱為「利比多」（Libido）或「原慾」。[2]

公眾對性衝動的本質和特徵存有特定的偏見。人們普遍認為，性衝動在童年時期並不存在，而是伴隨著年齡增長，在青春期逐漸出現的。在性衝動的作用下，人們難以抗拒來自異性的吸引，從而被迫向著實現兩性交合的目標努力，或是做出一些導向兩性交合的過渡行為。

不過我們有著充足的證據，表明這種說法其實與事實並不相符，只要稍加推敲，就可以觀察到這種說法偏頗、武斷，且漏洞百出。

在此，我們有必要先引入兩個概念：代表著性吸引來源的人，稱之為「性對象」（Sexualobjekt）；性衝動所竭力達成的行為，稱之為「性目標」（Sexualziel）。

1. 第一篇文章所引述的事實來自馮．克拉夫特-艾賓（v.Krafft-Ebing）、摩爾（Moll）、莫比烏斯（Moebius）、哈夫洛克．艾理士（Havelock Ellis）、馮．史萊克-諾金（v.Schrenck-Notzing）、呂文菲爾德（L.wenfeld）、歐倫貝格（Eulenberg）、I.布洛赫（I.Bloch）、M.希爾施菲爾德（M.Hirschfeld）等人的論文，以及希爾施菲爾德所主編的《性中間形態研究年鑒》。由於本文中還引用了其他一些相關文獻，上述作者的觀點出處就不再逐一註明。文中提到精神分析研究所得出的不同觀點，來自I.薩德格（I.Sadger）和本人的觀察。

2. 德語之中唯一一個適當的詞也許是「Lust」，但它兼具慾望和滿足的含義，用在此處有些過於籠統。

　　科學研究發現，在「性對象」和「性目標」這兩方面，都存在一些偏離常態的變態現象。這些現象與人們所認可的常態有著什麼樣的聯繫？這是一個亟待研究的課題。

# 1

## 變動的性對象

流行的性衝動理論，簡直就是一則如詩般的完美童話：「全人類被分為男人和女人，兩者在愛中尋求結合，直到再次融為一體。」因此，如果說有些男人的性對象不是女人而是男人，或是有些女人的性對象不是男人而是女人，童話便失色變調，宛若不潔。而這些未循童話、性對象為同性別的人我們稱之為「同性戀者」，或者換種更好的說法是「性倒錯者」，這種現象則被稱為「性倒錯」（Inversion）。儘管要統計這類人群的具體數量依舊困難重重，但可以肯定，絕對是一個驚人的數字。[3]

## 1. 性倒錯（Inversion）

## (1) 性倒錯的行為表現

[3] 對這類人數進行統計的極其困難，參見M.希爾施菲爾德1904年發表在《性中間形態研究年鑒》上的文章。

### α 完全性倒錯者

簡言之，他們的性對象只能是同性人群，異性人群不但不能成為他們的性對象，還會使他們感到索然無趣，甚至產生性厭惡。對於男性性倒錯者來說，這種厭惡感將使得他們無法完成正常的性行為，或是在正常性行為發生的過程中無法感受到任何樂趣。

### β 雙棲性倒錯者（性心理上表現為雌雄同體）

他們的性對象既可以是同性，也可以是異性。這種性倒錯不具有排他性。

### γ 偶然性倒錯者

這類人僅在特定的條件下，如正常的性對象難以企及（如軍隊、女校、監獄），或無法模仿正常的性行為時，才將同性列為性對象，並在與同性的性行為中獲得滿足。

上面三者說明性倒錯人群，也有著截然不同的行為表現。同樣，性倒錯者對自身別於一般的性衝動也有著不同的看法：有些人視性倒錯為理所當然，認為其與正常人的性慾並無區

別，因此也就強烈主張將其與正常的性衝動等而待之；另一些人則排斥自己的性倒錯，將其視作一種病態的行為。[4]

性倒錯現象出現的時間點也因人而異。有些人的性倒錯行為與生俱來，有的人則是到了青春期前後的某個特定時段，才發覺了自己的性倒錯傾向。[5] 性倒錯伴隨部分人一生，但也可能在某些時間段消失，或是作為性發育的一個正常階段出現，甚至，還可能突然出現在性取向長期正常的人身上。還有些是在正常的和倒錯的性對象之間游離，難以認定，這在臨床上都有觀察和記載。更有趣的是，在一些案例中，性倒錯者是在與正常性對象的一次不愉快經歷後，才開始出現性倒錯行為的。

一般而言，這些不同類型的行為表現之間並無聯繫。只有在最極端案例中，性倒錯者才會週期性地認為自己的性倒錯行為由來已久，將其看作是自身不可或缺的一部分。

許多學者不願將這幾種性倒錯的情況看作是一個整體，他們強調且區別這些情況的差異，也不願意突出他們的共性，根本原因是這些人對性倒錯存有偏見。但肯定的是，無論用什麼方法去區分性倒錯現象，大多數人都過渡於性正常和性倒錯之

4 一個人，對性變態這種強迫症行為的反抗強度，取決於其受暗示治療或是精神分析的影響程度。

5. 許多學者都特別強調，性倒錯者在自傳裡對自身性倒錯傾向出現時間的描述是不可靠的，因為他們的記憶受大環境的異性戀傾向所壓抑。精神分析對一些案例的研究也證實此點，它填補了案例幼年所遺忘的事情，從而完善了案例的既往史。

間，因此也沒有必要具體細分性倒錯在各個階段的表現。

## (2) 性倒錯的本質

　　有些評論認為，性倒錯是神經變異的先天表現。這樣一來，以往醫務工作者在精神病患者或類精神病患者身上觀察到性倒錯現象，也就不難解釋了。這種看法包含了兩種說法：「變異性」和「先天性」，我們需要對它們分別做出評判。

## A. 變異性（Degeneration）

　　「變異」這個詞經常被濫用，因此也常常為人所詬病。只要不是創傷或感染所引起的疾病，過去總是將其歸咎於變異。從雅克・馬格南（Jacques Magnan）對變異現象的分類來看，就連最高級的神經活動也和變異有關。在這種情況下，不禁想問：「變異」還有著什麼樣的用途和新的內涵？「變異」這個詞，尤其不適用於以下兩類情景：

* 沒有太多偏離常態的行為發生時。

* 工作和生存等一般能力沒有受到嚴重損傷時。[6]

6. 莫比烏斯在1900年出版的《論變異——精神生活的邊緣問題》一書中論述了變異現象臨床診斷時的保留條件，指出其臨床意義並不大。他說：「就我們所討論過的變異現象來說，我們可以觀察到對此做出診斷並沒有太大的實際價值。」

由此可推斷，性倒錯者並非變異而來，以下事實都能佐證此推斷：

- 在一些並沒有太多異常行為的人身上，也可以觀察到性倒錯現象。

- 同樣的現象也出現在那些正常能力分毫未損，甚至還有著極高的心智發展和道德文化成就的人身上。

不看臨床經歷，而是從歷史文明的角度來看待，以下兩方面的事實也足以否定性倒錯是變異而來的說法：

- 性倒錯十分常見，它總會在古老氏族的文明發展到一定高度時出現，並具有很重要的功能意義。

- 性倒錯在許多原始部落中也極為普遍。而變異這一概念通常只適用於高等文明（伊萬‧布洛赫Iwan Bloch），即使在歐洲的文明社會中，氣候和人種的不同，都能對性倒錯的分布和評判有著極強的影響。[7]

7. 從前人們認為性倒錯是一種病態，現在則多認為是一種人類學現象。這主要得歸功於I.布洛赫的努力，他發表於《心理性性疾病病源學文集》（1902年第3卷第2冊）的文章，有力地論證了古代文化中存在性倒錯現象。

## B. 先天性（Angeborensein）

　　顯然，只有 $\alpha$ 型的完全性倒錯人群才談得上先天性，它主要表現為性倒錯者自身從未在人生的任何階段有過其他的性衝動取向。而另兩種人群，尤其是 $\gamma$ 型的性倒錯現象，很難以先天性去解釋。因此，持先天性觀點的人們傾向於將完全性倒錯人群與其他兩類人群區分開來，也同時導致人們在性倒錯這個問題上缺乏統一的認識。按照這些人的說法，性倒錯在某些案例中是天生的，而在某些案例中則可能透過其他的方式產生。

　　持反對觀點的人們則認為，性倒錯後天習得的性衝動。他們的理由是：

i. 許多性倒錯者（也包括部分完全性倒錯者）都有早年遭遇強烈的性印象所留下的記憶，其同性戀傾向正是這些經歷持續發展的結果。

ii. 在其他許多性倒錯者身上，也能觀察到來自外在環境的影響力（如同性之間的長期排他性交往、戰爭時的共同相處、獄中的囚禁、對同性性交危害的認識、禁慾及性軟弱等），這些外在因素或許會對性倒錯推波助瀾，或許也會成為其阻力，但不論早晚，都穩固了性倒錯的存在。

iii. 性倒錯可以透過催眠暗示消除，這對於先天特性來說幾乎是不可能的。

從這個角度看，先天性性倒錯的說法就有許多疑難論點了。反對者認為，如果進一步測試先天性性倒錯案例，也許會發現這類性倒錯者的力比多[8]發展方向其實是由其過去孩提時期的經歷所決定的（哈夫洛克・艾理士Havelock Ellis）。這些經歷並不一定存在性倒錯者的意識中，但在具備特定條件的情況下，這段經歷的記憶又會重新被喚醒。這類學者的認為，性倒錯是性衝動的一種常態變形，它由個體生活中所受到的一系列外在影響所決定。

這種觀點看似完整合理，卻仍然無法解釋全部事件，比方研究證實，許多人都曾受到誘姦、相互自慰等所謂外在的性影響，而這類性影響也的確發生在孩提時期，但他們並沒有成為性倒錯者。因此，人們不由得猜測：先天生成和後天習得這兩個選項還不足以概括一切的性倒錯關係。

8. Libido，力比多是我在1905年最初版本提出的概念，泛指一切身體器官的快感，包括性倒錯者和兒童的性生活。力比多是一種本能，是一種力量，是人的心理現象發生的驅動力。

## （3）對性倒錯的解釋

無論是先天還是後天，都無法完全闡明性倒錯的本質。性

倒錯是與生俱來，必須說明什麼是先天形成，而非僅是將一個人的性衝動視為天生，就將其與特定的性對象聯繫在一起，如此解釋未免太過粗糙；如果是後天影響，我們就不禁要問，各種外在因素是否真的如此強大，足以使性倒錯形成，且不受到個體反抗因素的影響？在上文中，我們已經證明忽視個體因素的研究，也是不可盡信的。

## (4) 雙性理論的引入

為了探究性倒錯成因，佛蘭克・李茲頓（Frank Lydstone）、奇爾南（Kiernan）和柴瓦里爾（Chevalier）等人再次顛覆傳統的觀念，發表了一系列的新思維。

人們通常認為，一個人的性別非男即女，但學界發現在某些案例中，有些人的性徵十分模糊，即使是從解剖學的角度也很難判定其性別。這些人同時具有男性和女性的性器官（陰陽人），在部分極端情況下，兩種器官皆充分的發育（真性陰陽人），而更常見的情況是兩種性器官都發育不全。[9]

這種一反常態的現象，推進了我們對正常發育現象的理解。從解剖學的眼光來看，一定程度的雌雄同體是很正常的。

9. 請參見特勞菲（Trauffi）關於生理性雌雄同體的近著《雌雄同體與生殖性無能》（該書德文版1903年由R.圖爾舍（R.Teuscher）翻譯出版）以及諾伊格鮑爾（Neugebauer）發表在《性中間形態研究年鑑》上的多篇文章。

在每一個正常的男人或是女人身上,都可以找到異性器官的殘留,它們或是成為多餘的殘存器官,或是發生了轉變,承擔起了其他功能。

這些為人所知的解剖學知識告示著我們,人類在發育早期其實是雙性的,不過是在進化的過程中,其中一種性別強勢發展,而退化的另一性別則只留下了少許痕跡。

如果將這一觀念引入心理學領域,那各種性倒錯都可以被視作心理上雌雄同體的表現,只需找出心理上和生理上的雌雄同體之間的對應關係,即可證實這一點。

遺憾的是,這一個假設很快就落空了。人們預想中的心理雌雄同體與可以被證實的生理雌雄同體之間並沒有緊密的聯繫。在性倒錯者的身上,常常可以發現性慾不振(艾理士)乃至輕微的性器官退化現象。這些現象雖然常常出現,但沒有規律可循,也絕非必然。於是人們必須意識到:性倒錯和生理雌雄同體,整體上是相互獨立的。

此外,有些人還十分重視第二性徵和第三性徵的發展,並強調他們在性倒錯者身上頻繁出現的事實(艾理士)。這當然

有一定道理，但我們不該忘記第二和第三性徵本來就很容易在每個人身上出現。雖然它們是雌雄同體的標誌，卻並沒有像性倒錯那樣使一個人的性對象發生改變。

如果因著性對象的倒錯，一個人的精神氣質，如性衝動和性別性格也相應發生轉變，那或許就能印證心理和生理一樣也存在雌雄同體。但遺憾的是，符合這樣的性格轉變僅體現在少數女性身上，男性的陽剛性格更是絲毫不受性倒錯的影響。如果要堅持心理雌雄同體這種觀點，就必須證明其在不同層面上，生理雌雄同體和心理雌雄同體彼此最多只能產生微弱的影響。哈爾班（Halban）便認為，一個人在退化的性器官及第二性徵之間，並沒有太多的聯繫。[10]

曾有一位男性性倒錯研究者對雙性理論做出了通俗的解釋，認為這就如同是「男人的身體配上一個女人的腦袋」。只不過，我們並不知道「女人的腦袋」裡到底裝著什麼，用解剖學觀點去解答心理學問題，這種做法既無效也不妥。在這一點上，馮·克拉夫特-艾賓（v.Krafft-Ebing）似乎比烏爾里希（Ulrich）的解釋要更準確一些，但兩者本質上並無太多差異。

10. J.哈爾班：《性徵的出現》。載於《婦科學檔案》第70卷，1903年。

11. 根據《性中間形態研究年鑑》上的記載，E.格雷（E.Glay）才是第一個主張使用雙性理論解釋性倒錯的人。有趣的是，根據柴瓦里爾的說法，絕大多數認同這種觀點的人，也會將它擴展應用到正常人身上，將性倒錯視作正常發展受到阻礙的結果。馮·克拉夫特-艾賓在做了許多觀察之後說：「由此可見，至少（受到壓迫的）第二性神經中樞仍然存在於大腦之中。」奧杜因博士（Dr.Auduin）認為：每個人身上都有男性與女性的成分，只不過其中一種成分明顯強過另一種，這才使我們得以判斷一個人的性別。當然，前提是這個人是一個異性戀者……」G.赫爾曼（G.Herman）則堅定地認為：「每個女人身上都有男人的元素和特徵，反之亦然。」1906年，W.佛里斯（W.Fließ）曾聲稱雙性理論是由其首創的。而在非專業領域，人們多認為雙性理論是剛剛去世的哲學家O.魏寧格（O.Weininger）的功勞。其1903年出版的《性別與特徵》一書儘管落筆草率，卻已經有了雙性理論的觀點作為依據。但根據上文的論述，我們可以觀察到這兩種說法都站不住腳。

馮·克拉夫特-艾賓認為，雌雄同體除了表現在性器官外，還會在個體身上發展成男女兩個大腦中樞。在進入青春期後，這兩個中樞在相互獨立的性腺的作用下開始發育。但男女兩個大腦中樞的說法其實與男女兩個大腦的說法並無相悖，而且也無法證實大腦中是否真的存有類似於語言中樞一般能控制性功能的中樞區域。[11]

綜覽上述論證，我們可以確定兩點：

- 一是性倒錯者身上也有雙性特徵，但除了一些解剖學上的猜測，我們並不知道這到底有著什麼樣的意義；

- 二是性倒錯其實是性衝動正常發展受到阻礙的結果。

## (5) 性倒錯者的性對象

心理雌雄同體理論認為，性倒錯者的性對象與正常人的性對象恰恰相反。一個男性性倒錯者就像一個著魔的女人，他會傾慕男性的身體和思維，像一個女人一樣尋求男人的愛憐。

這種說法雖具有一定的代表性，卻依舊不能概括性倒錯者

的全部特徵。好比許多男性性倒錯者身上依然保留著男性的心理特徵，他們本身沒有太多異性的第二性徵，甚至更願意在性對象身上找尋女性的心理特徵。

因此，如果不是這樣的話，那就很難解釋為什麼無論是今天還是過去，一些專為男性性倒錯者服務的男性性工作者，從裡到外都要模仿女性的穿著和舉止。一如古希臘文化裡最強壯的人常常也是性倒錯者，他們喜歡某個男孩，顯然並不是因為其身上的男性特徵，而是因為他長得像女性，身上也具有部分女性氣質。他們的害羞、拘謹、無知和嬌弱，點燃了這些壯漢的愛慾。然而一旦這些男孩長大成人，他們就不再屬於壯漢的性對象，但宛若循環自己反而也成了戀童癖者。

在這種情況下，這些男性性倒錯者的性對象並非純然同性，而更像是兩性的結合，是性倒錯者對男性和女性的愛慕相互妥協的產物。但有一個條件不可改變：就是其性對象必須具有男性的身體（性器官），從而與他們自身的雙性傾向相互對應。

雖然精神分析研究還未能完全解釋性倒錯的成因，但它已

經發現了性倒錯的心理機制，對相關問題做出了很大的貢獻。在所研究過的男性性倒錯案例中，在其童年的最初歲月裡，都曾對女人（通常是自己的母親）有著相當程度的依賴。在克服這種依賴之後，他們開始把自己看作是一個女人，將自己男性的身體看作是自己的性對象。正是由於這種自戀情結的存在，他們開始尋找與自己類似的青年男子，希望他們能像母親一樣愛自己。

此外，我們還經常發現那些有性倒錯的男性並非對女性完全沒有感覺，只不過那些由女人所引起的性興奮被轉移到了男性的性對象身上。在他們的一生中，這一過程不斷重複，最終形成了性倒錯。簡言之，他們對男人如同強迫症般的追求，正是因為他們不斷逃避女人的結果。

精神分析學說始終極力反對將同性戀視作異類，將其與正常人群分離開來。透過對性興奮的研究，我們發現所有人其實都有選擇同性性對象的能力，在潛意識中也早就在這麼做。原慾對同性的感覺，在正常的精神生活中所起的作用並不比對異性的小，在那些性倒錯人群中間就更是如此。在精神分析學說看來，對象選擇與性別無關，可供選擇的性對象既可以是男

性，也可以是女性，這一點無論是在童年時期、原始社會中還是史前時期都可以觀察到。

在這一基礎之上，由於種種的限制，正常或反常的性模式才開始形成。在精神分析理論看來，一個男人會對女人產生性趣，絕不是一件理所當然的事情，也不是僅僅用化學反應的吸引就能解釋。對最終性表現類型的選擇，是在進入青春期後才完成的，它是先天體質和後天偶發因素兩者互相作用的結果。當然，在某些人身上，部分因素可能尤為強烈，甚至直接影響了結果；但一般而言，影響最終性表現的原因不勝枚舉，選擇表現也不盡相同。

在性倒錯者身上，往往可以發現遠古體質和原始的精神機制是重要關鍵。可以說，自戀式的對象選擇和肛門區的重大性意義，是性倒錯的主要特徵。但我們並不能就此認為，是特異的體質使一些極端的性倒錯行為發生。在那些正常人，或是介於正常和性倒錯之間的人群身上，我們也可以發現類似的體質。

也就是說，兩者之間並非是質的差別，而僅是量的變化。

而在某些因素方面，我們發現早期的失敗經歷（早期的性恐懼）對一個人的對象選擇有著重大的影響，而雙親是否健在也是一個關鍵。如果成長之時沒有一個強勢的父親，就更容易發生性倒錯行為。最後，還必須指出性對象的倒錯並不等同於性徵的混淆，這兩者之間並不存在關聯。

就性倒錯問題，費倫斯（Ferenczi）在1914年於《國際精神分析》雜誌第二卷發表的《男同性戀的疾病分類學》一文中又提出了一些重要觀點。他有條不紊地指出，許多機體和精神狀況迥異的現象，僅僅因為有性倒錯的症狀出現，就都被歸為同性戀，在他而言，更好的說法是「同性情慾」。他認為，人們至少要區分主觀同性戀者和客觀同性戀者這兩類人，以男性性倒錯者而言，前者把自己看作是一個女性，行為也像女人，而後者則僅僅是用同性性對象取代了女性性對象。在費倫斯看來，前者屬於希爾施菲爾德所認為的「性中間形態」，而後者則是完全的強迫症者。只有客觀同性戀者，才會對自己性倒錯的傾向進行反抗，也只有他們才能從精神治療中收益。

即便如此，我仍要指出，許多人更像是主觀同性戀者和客觀同性戀者的混合體。近年以來，以E.史坦納（E.Steinach）為

代表的生物學研究也為同性戀和性特徵的生理條件提供了一系列解釋。在實驗中，他們將哺乳動物的性腺取下並移植到異性的身上。透過這一努力，實現了由雄到雌、由母到公的轉變。這種轉變不僅或多或少表現在性特徵上，也表現在心理活動方面。在這一變性過程產生關鍵作用的，不是產生性腺，而是被斯坦納赫稱為「青春腺」的細胞間隙組織。同樣成功的案例還曾發生在一名因肺結核病而失去睾丸的男子身上。這名男子原本在性生活中表現出被動的同性戀特徵，他的舉止如同女人，也在毛髮、鬍鬚、胸部和臀部脂肪堆積等方面表現出一些女人的第二特徵。然而再給他植入了一個隱蔽的睾丸之後，他開始重新表現出男子漢氣概，其原慾的作用對象也重新回到了女人身上。同時，女性的第二性徵也消失了。[12] 但我們也不敢就此斷言，這個嘗試使得我們對於性倒錯有了全新的認識，並為「全面治癒」同性戀提供了可行的方法。W.佛里斯就不無道理地指出，這類實驗與高等動物的雙性理論並不矛盾。在我看來，如果有更多的這類實驗取得成功，這就恰好證明了雙性理論的正確性。

女性性倒錯者的情況則相對明瞭：活躍的性倒錯者無論是在生理上還是心理上都具有男性特徵，儘管我們細加考究，還

12. 參見 A . 利普舒茨（A.Lipschütz）：《青春腺及其作用》，伯恩，1919年。

是能夠看出許多區別，但總體來看，這類人都要求自己的性對象需具有典型的女性氣質。

## (6) 性倒錯者的性目標

肯定的是，性倒錯者的性目標也各有不同之處，不能一概而論。在男性性倒錯者中，肛門性交並非常見的性目標，自慰往往更為普遍，甚至是最終目的。有些人自慰是為了宣洩自己的情感，性倒錯者自慰的頻繁程度還更高於異性戀者。女性性倒錯者的性目標也十分多元，其中以口腔黏膜的相互接觸最為普遍。

就僅上述資料，我們仍無法對性倒錯現象的起因給出合理的解釋。但隨著研究的更進一步，我們對性倒錯有了更深的認識，這甚至比探究性倒錯的起源更具意義。過去我們將性衝動和性對象之間的關係設想得過於緊密了，透過對那些反常案例的探究，意識到在性衝動和性對象之間存有某種阻礙。而在正常情況下，我們往往會忽略這一點，從而不自覺地將兩者聯繫在一起。事實上，性衝動很可能與性對象無關，也不一定是對來自性對象的刺激的應和。

## (7) 戀童癖和戀動物癖

　　若說性倒錯者是在性對象的選擇上另類，在其他方面仍然與常人無異的話，那麼那些將性發育尚未成熟的孩童作為性對象的人，則可以算是詭異到一個程度了。少有人會將孩童作為性對象，會將孩童作為的性對象的，通常都是那些個性軟弱的性無能者。當他們身上的慾望找尋不到合適發洩或排遣的對象，就極可能會對孩童下手。無論如何，這一現象有助於更深一層了解性衝動的本質。

　　而饑餓儘管難熬，卻也很少人能不假思索地食用任何東西。與此相比，性衝動的對象有很多選擇，但有些人實在「饑不擇食」，不惜在選擇性對象時降低自己的底線。比方與動物發生過性行為的農民雖只是少數，但由此可知，性的吸引力竟然能夠超越物種的界限。

　　出於對「美學」的需要，人們總傾向將由性衝動引發的變態行為歸作精神方面的疾病，但事實並非如此。就過去的經驗而言，從不同人種和社會地位來看，精神病患者在性衝動方面的障礙，其實都與健康人無異。孩童更容易被師長和看護人性侵，乃是因為這些人有更多的機會與之發生接觸。性變態的行

為不過在精神病患身上表現得更為強烈極端、更具有排他性，導致將正常的性滿足管道擋在了門外。

無論是健康的人還是精神病患者，他們在性方面其實沒有太多的差異，這一點值得我們深思。在我看來，這件事可以如此解釋：性生活所需的衝動，是最不受高級精神活動控制的衝動之一。那些從社會和道德角度看不太正常的人，完全可以擁有規律的性生活；許多人在性生活方面有著一反常態的傾向，但這並不妨礙他們在生活中做一個普通人。這些人完全可以適應文化的發展，然而性的問題正是文化的弱點。

透過上述分析，我們大致可以得出一個結論：在許多情況下，在許多人的身上，性對象的形式和價值都是並不是最重要的。在性衝動的形成過程中，有一些別的東西才是最根本、最永恆的。[13]

13. 古人與今人情慾生活的最大差別，可能是古人更重視性衝動本身，而今人更重視其所作用的性對象。古人視衝動為聖物，認為它能夠神化相對低賤的對象；而今人則認為性衝動是低俗的，只有當其作用在某些對象身上時，才能為人們所寬有。

# 2

## 轉變的性目標

通常性行為的意義是，兩性性器官在性交過程中相互結合，從而使性緊張感消除，性衝動暫且得到滿足（這好比是讓饑餓的人飽餐一頓）。但即便是在最正常的性行為中，也會有一些環節有別於常態，如果任其自由發展就會形成性倒錯，也就是我們一般認為的性反常。

在實現這最終性目標——性交之前，人們與性對象之間常有一些鋪陳動作，如觸碰和注視。一方面，這些行為能夠使人愉悅；另一方面，它們也能提升雙方的興奮感，為爾後的最終性目標打下基礎。

在許多族群中（也包括文明程度較高的族群），親吻就是觸碰的形式之一，儘管嘴唇是消化管道的一部分，而非性器官，但雙方的嘴唇黏膜相互觸碰的接吻行為，都具有高度性含

義。此外，性反常行為也可以與正常的性生活聯繫起來，成為性生活的一部分。性反常行為大致可分為兩種：

一是性交時所涉及的身體部位（這使得在解剖學意義上有所超越）；

二是與性對象的關係仍然停留在過渡行為階段（但這類行為其實很快會將雙方引向最終的性目標）。

## 1. 解剖學意義上的超越

## (1) 對性對象的高估

　　一般而言，一個人對性對象的評價，絕不會僅限於其性器官，而是涵蓋全身，而對性對象的情感也都包括在內。如此對性對象的高估也同樣體現在心理層面上，俗語說「情人眼裡出西施」，性對象的氣質、成就、人品等等情感因素，往往會提高他整體的評價，這是常有的事情。愛情是盲目、盲從的，如果不算是「權威」一詞的原始意義，至少也應該是其重要來源之一。[14]

　　一旦一個人對性對象過於高估，要滿足其性目標就不僅僅

14. 這讓我聯想到被催眠者對催眠師的百般服從。我大膽猜測，催眠的本質就是（借助性衝動的施虐成分）令被催眠者的原慾聚焦在催眠師身上。費倫斯認為，這種暗示也許與雙親情結有關。（參見《精神分析與精神病學年鑑》第一卷，1909年。）

只是停留在性器官的結合而已，而是會無所不用其極地把其他身體部位也當作性目標。[15]

高估性對象這一行為的重要意義，最早是在研究男性的過程中發現的，因為男性的情慾生活較容易為研究者所觸及；而女性因為受到文化的壓迫，從而緘默不夠坦誠，於是她們的性生活至今仍然神秘寡為人知。[16]

## (2) 嘴唇、口腔黏膜的性用途

當一個人的嘴唇（舌頭）與另一個人的性器官接觸結合時，將嘴唇當作性器官的行為才會被視作反常。如果只是兩個人的嘴唇黏膜相互接觸（舌吻），則不算反常，但這也與正常的性行為十分密切。

然而自古以來一直存在用口腔接觸性器官的性交方式，那些將其視為性反常行為，對此輕蔑的人，內心中往往會產生一種明顯的厭惡感，阻止他們去從事類似的性行為。但這種厭惡感的底線卻難以衡量：有些人可以熱情地親吻美女，不過若要求使用她們用過的牙刷，卻只會感到一陣噁心。這並非因為他們自己的口腔比那些少女的口腔來得乾淨，但他們就是不討厭

15. 我們也必須指出，並不是所有對象選擇的過程中都會出現對性對象的高估。之後，我們還將對其他身體部位的性地位給出更為直接的解釋。霍赫（Hoche）和 I.布洛赫提出了「對刺激的饑渴」這一說法，用以解釋性興趣為何延伸至生殖器官之外的其他身體部位，但我對此卻不以為然。原慾所經過的各條道路，從一開始便像一張通信網一樣聯繫緊密，我們不應該忽視原慾進入支流的情景。

16. 典型的情況而言，女性不會對自己的丈夫過於高估，但在她們的眼裡，自己孩子絕對是最優秀最卓越的。

自己的。

　　然而這種厭惡感其實值得留意，它一方面可以阻止原慾高估性對象的力量，卻也很容易被原慾所吞滅。通常這種厭惡感並不會來自性器官，但必須承認，有時候異性性器官的確會成為厭惡的對象，這厭惡感常出現在歇斯底里症患者身上，尤其是女性歇斯底里症患者的典型特徵。不過當一個人的性衝動越是強烈，就會越希望征服這種厭惡感。

## (3) 肛門黏膜的性用途

　　相比於口腔，與肛門有關的性行為顯然更容易引起人們的反感，也很容易就被貼上性反常、性變態的標籤。

　　有人認為這種厭惡感是由於肛門本身是一個時時刻刻與排泄物發生著接觸的消化器官。但必須說，這種看法其實並不比「女性因為男性的性器官也被用作排尿而對此產生厭惡」的說法來得高明。

　　肛門黏膜在性行為中的意義，並不只限於兩個男性性交；同時，一個人喜歡肛交，也並非意味他就是性倒錯者（相互自

慰才是性倒錯者最為常見的性目標），相反地，一個孌童因著
其言行舉止女性化的特質，才會被喜歡肛交的男子相中。

## (4) 其他身體部位的性用途

至於其他身體部位的性佔有，依本質而言無異於上述兩
者。簡言之，它們都是因為性衝動的驅使，而試圖完全佔有性
對象的行為表現。

但有些身體部位，如口腔黏膜和肛門黏膜，長期出現在人
們的性生活中，在人們的意識中，它們儼然已經以性器官自
居。因此除了對性對象的高估外，這些部位還有另一種解剖學
意義上的超越，但以往卻時常被我們忽視。接著，我在後面的
章節將持續對性衝動進行探討，這一解剖學意義上的超越也將
在爾後的討論中得到印證，並用作解釋一些病症的緣由。

## (5) 戀物癖：性對象的不合宜替換

有意思的是，在某些情況下，正常的性對象會被一個與其
有所關聯，但卻完全不適合作為性對象的「物」所取代。按照
我們的分類方式，我們本應該在論述性對象的變異時，就將這

種性衝動的變形一併闡述，但因為這種現象與「對性對象的高估」存有關聯性（它正是盲目放棄性目標的結果），故我特意在此才解釋這種變形課題。

這些替代性對象的物，往往是某個不太適合性用途的身體部位（如足部、頭髮等），或是某個沒有生命，但卻與性對象密切相關，甚至是能直接與性行為發生聯繫的物體（如衣服的碎片、白色內衣等）。我們完全有理由將這種替代行為與原始社會中的聖物崇拜相提並論，原始人類之所以青睞聖物，正是因為他們將其視為神靈的化身。

在部分的戀物癖案例中，案例的新性對象必須具有一定的特徵（如特定的髮色、某類型的衣著，乃至身上的疤痕），才能使戀物癖案例實現其性目標。這種瀕臨病態邊緣的性衝動變種著實奇特，也引起了我們的極大的興趣。

有戀物癖的人，其追求正常性目標的能力幾乎無一例外都受過傷害（如性器官衰竭）。[17] 這些人只好在精神層面上高估其性對象，才能與常人保持一致；不可避免地，這也使得他們將所有與其性對象相關聯的事物都視作聖物一般。不過，事實

17. 這種損傷也暗示著身體上的缺憾。精神分析研究發現，兒時遭到性恐嚇，會使人偏離正常的性目標，轉而將情慾投射至替代品。

是這種現象也可能發生在正常人的情感生活中，特別是在正常的性目標無法實現時，更容易如此。《浮士德》中就有這樣的句子：「從她胸口的圍巾和吊襪帶中，我都能感受到愛情的樂趣。」

然而，若替代物取代了正常的性目標，甚至完全脫離了某個特定的性對象，成了獨立的性目標，這樣的情況超越了範疇，於是戀物癖就成了一種病態。正是這一原則，決定一個人究竟僅是性衝動略有偏差，還是已經完全陷入了病態。

比奈特（Binet）最先指出，孩提時代的性印象，對於將來崇拜物的選擇有著深刻影響，這點也在爾後得到了證實。人們常說，初戀最是難以忘懷，這也許與比奈特的觀點不謀而合。此外，如果本身對性對象心懷崇敬，那其崇拜物品的選擇就更容易受到幼時的印象所影響，這一點，我們在後面章節還會說明。18

在另一些情況中，案例往往受到某種不明的象徵思維的影響，不自覺地用崇拜物替代性對象，即便崇拜物和性對象之間的聯繫並不總是密切而明顯。例如，早在神話中，足部就是一

18. 精神分析研究深入的對比奈特的觀點提出了批判。所有觀察都指出，當一個人第一次與崇拜物相遇之時，心裡對其就已經充滿了性的憧憬。然而卻無法客觀解釋這種現象如何產生。此外，所有早期的性印象都是在5、6歲這段時期出現的，以精神分析的角度來看，我們十分懷疑這種十足病態的執著現象是否太晚才出現。因此真相是，在崇拜物出現之前的記憶中，其實存有一段被壓抑和且遺忘的性發展歷程，崇拜物隱含著這段歷程，代表了它的所有殘跡。至於幼童如何開始崇拜，又是如何選出崇拜物，這一切都是老早由個人體質決定好了的。

個重要的性象徵；[19] 毛髮往往讓人聯想到性慾（容易讓人聯想到陰部的毛髮）於是就成了人們崇拜的對象。不過這些象徵往往也脫離不開兒時的性經歷。[20]

19. 鞋子是女性生殖器的象徵。

20. 精神分析理論還分析出了一個有助理解戀物癖的部分，即是指出在精神壓制之下喪失嗅覺的嗜糞症者，喪失嗅覺快感對崇拜物選擇引起的重要作用。無論腳或頭髮，都是有強烈氣味的部位。當嗅覺快感因為臭味而被人們放棄之後，它們便成了崇拜的對象。在那些將腳當作崇拜物的性變態行為中，案例的性對象都是髒腳和臭腳。人們對腳的偏愛與崇拜，爾後的幼兒性慾理論還給出了另一種詮釋，在嬰兒的想法裡，女性的生殖器官是與男性相同的，但腳會被視作女性性器官的替代物，是由於禁忌和精神壓制的存在，原本針對生殖器的視覺淫慾會促使人將他人從下往上打量一番，可這種行為在半途便不得不戛然而止，於是視線停留在下肢，腳就成了崇拜物。

## 2. 在過渡性性目標上停留

### (1) 新目標的出現

所有可能妨礙正常性目標實現的內、外部因素（如性無能、性目標難以獲得、性行為存有危險等），都會使得人們停留在性行為的過渡階段，並由過渡階段中發掘出新的性目標，取代舊的性目標。進一步研究更能得知，無論新的性目標看上去如何新奇，總能在正常的性行為過程中找到其最初的痕跡。

### (2) 觸摸和觀看

正常人實現性目標的過程中，必會有一定程度的撫摸。碰觸性對象的皮膚，可以給雙方都帶來愉悅與快樂，為下一步的性目標做一鋪墊。因此，如果性行為最終得以延續，那麼即使長時間的撫摸，也不能算作性變態。

同樣，觀看也具有類似的特點，人的視覺影像最容易引起

性興奮，若以目的論的角度來看，正是視覺選擇了性對象，因為只有它才能發現性對象的美麗之處。

隨著文明的變遷，人們開始穿上衣服遮掩身體。而這反而引起了人們的性好奇，人們總幻想將性對象的衣服剝光，好將他／她的身體一覽無餘。不過，這種衝動可以借助昇華作用轉化為藝術行為。而人們不再只將注意力投向性器官，也開始關注整個身體形態的美感。[21]

可以說，絕大多數人都會依依不捨地停留在觀看這個階段，並將自身一部分原慾借此轉移到更高層次的文化目標上。不過在以下幾種情況，觀看會被視作一種變態行為：

A. 觀看的對象僅限於性器官；

B. 觀看的過程中需要克服厭惡感（如偷看他人排泄的窺陰癖行為）；

C. 觀看行為不但不促使正常性目標得以實現，還對其造成了阻礙。最後一點往往在臨床上表現為露陰癖，借助分析可以發現，露陰癖者暴露自己的性器官，並希望以此為交換，達到窺

21. 我一直堅信，「美」源自性的興奮、代表著性刺激。然而，看上去最能引起強烈性興奮的生殖器官，卻從來沒有被人們稱過「美」。

視異性性器官的目的。[22]

　　這類窺探或暴露性器官的變態行為，有其十分奇特的特徵，我們在接下來的研究中，將會對此作更為深入的分析。總體而言，這類患者的性目標大致叫分為主動性目標和被動性目標兩類。而唯有羞恥感（如此前提到的厭惡感），才能阻止，甚至徹底治癒這種變態的窺視慾望。

## （3）施虐行為和受虐行為

　　施加痛苦予他人身上和從他人行為中感受痛苦，是性變態最常見同時也是很重要的兩種形式，依其主動和被動的不同，馮・克拉夫特-艾賓將其稱為施虐狂（Sadismus）和被虐狂（Masochismus），強調了這種快樂中屈從和折服的成分。另一些專家更青睞「痛楚淫」（Algolagnie）這種說法，因為它強調了痛苦的慘烈，也反映了有人樂在其中。

　　施虐狂是一種主動的痛楚淫，在正常的性行為中很容易就能找到其根源。在性生活中，大多數男性都會呈現一定程度的攻擊性來表現出占有對方的強烈慾望；而從生理學的角度看，既然男性不甘於僅以求愛的方式征服自己的性對象，那一定

22. 分析發現，這類性反常行為與其他性反常行為一樣，有著多種出人意料的動機和意義。例如，暴露癖與閹割情結有著很強的關聯，它展示了自身（男性）生殖器官的完整性，也表達了孩子看到女性缺少陽具時心中的滿足之情。

程度的暴力傾向也堪算是自然。因此，施虐行為本身源自性衝動，只是一種較為激進的表達形式，不過一旦它被過度放縱，甚至易客為主，那就成了性變態。

在實際生活中，施虐行為的意涵頗為複雜，它可以是指主動對性對象施以虐待積極、暴力的行為，也可泛指因另一方的屈服和受虐所帶來的滿足感。嚴格來說，只有後一種的極端情況，才能算得上是性變態行為。

同理，受虐行為也泛指一切在性行為中被動接受性對象的虐待，並將受虐時獲得生理心理上的痛苦與自身的快感作一聯繫。相比於施虐狂，受虐狂這種性變態行為與正常的性目標差距更帶大。我們不禁想問，受虐狂到底是自己出現的，還是由施虐狂演變而來的呢？[23]

透過研究我們可以發現，受虐狂其實是施虐狂的一種延續，只不過施虐的對象成了自己，從而也把自身視作性對象。此外，在一些極端受虐狂案例的臨床研究還發現，受虐狂現象其實是一連串被動的原始性因素（如閹割情結、負罪感等）綜合作用下的結果。

23. 多年之後，我對受虐狂的心理結構和形成這種現象的衝動有了更深刻的理解，對它的看法也有了很大的轉變。首先，我承認了原發性快感區受虐狂（primärer-erogener-Masochismus）的存在，而受虐狂的另外兩種形式——女性受虐狂和道德受虐狂其實都是在這一基礎上發展而來的。此外，還存在另一種繼發性受虐狂，這是源於施虐狂在現實生活中沒有得到足夠的發洩，轉而將施虐行為用於自身的結果。（參見拙作《受虐狂的經濟學問題》，載於《國際精神分析》雜誌第10卷，1924年。

如同之前所提到的厭惡感和羞恥感，在這一過程中所要克服的痛苦感，也是阻礙原慾任意作用的因素之一。

在性變態行為中，施虐行為和受虐行為是一特殊的存在，兩者代表了主動與被動行為之間的鮮明對比，這樣的主動與被動，正是性生活的典型特徵。

一覽人類的歷史可以發現，性衝動和暴力行為存有某種內在的聯繫。但直到今日，除了強調原慾中的侵略性特點外，還沒有人能夠說清楚兩者之間的關聯。有些專家認為，性衝動中所內含的暴力成分，其實是原始人類食人慾望的殘留，在征服對方的同時，也同時滿足了個體發育過程中更為古老、更為強烈的本能需求。[24] 也有人認為，不管哪一種痛苦都有轉化為快樂愉悅的可能性。綜覽以上論述，我們不難了解，對於性變態現象，目前還沒有令人信服的解釋，它可能是許多種心理因素共同作用的結果。 [25]

而這兩種性變態現象的特別之處，乃在其主動和被動形式往往還能規則地出現在同一個人身上。那些在性生活中以虐待性對象為樂的人，往往也具備將性行為中的痛苦轉化為快樂的

24. 爾後的篇章對性器官前期發展的論述，也證實了此看法。

25. 也有人認為，在性衝動的源頭有著某個特殊區域使得「施虐狂—受虐狂」這對現象能夠從其他性變態行為中脫穎而出。

能力。施虐狂也是一定程度的受虐狂，只不過總有一種形式會稍加強烈，成為其主要的取向。[26] 這種反常性傾向時常成對出現的狀況，對於我們接下來的論述有著重要的立論意義。[27]

此外，施虐狂和受虐狂這種對立的組合顯然並不能簡單用侵略性一概而論。相反地，我們或許更應該將此對立組合與雙性現象中的男女對立進行類比。對於精神分析理論而言，這兩者正恰恰代表了性生活中的主動和被動。

26. 在此，我就不再羅列太多的論點，而僅僅引述哈夫洛克‧艾理士1903年出版的《性慾》中的一段文字：「所有著名的施虐狂和受虐狂案例——也包括馮‧克拉夫特-艾賓所引述的已經被柯林（Colin）、史考特（Scott）和費拉（Féré）等人證實的案例，都顯示這兩種現象會出現在同一個個體身上。」

27. 參見本書爾後關於矛盾心理的論述。

# 3

## 性變態總論

### 1. 變形和病症

　　某些醫生在特定的條件下，對性變態現象進行深入研究，他們大多都傾向於將性變態視作是一種類似性倒錯的病症或變異。只不過相較性倒錯，我們更容易否定對性變態的這種看法。

　　然而日常生活經驗表明，大多數略有出格的親密性行為，其實也是健康人性生活的一部分。只要狀況允許，一個正常人也能夠在一段時期內將性變態行為作為正常的性目標，甚至使兩者之間的和諧共處。因此，在一個健康人的性生活裡，性變態行為都可能存在其中。

　　性變態包容萬象，這類行為也完全沒有必要去苛責，乃因在性生活方面，我們仍無法在正常的生理變形和病態症狀之間

劃分界線，幾近無解。

　　然而有些性變態行為我們應當給予特別的關注，這些行為的性目標十分特殊、背離常理，以至於我們不得不將它們看作一種病態，尤其是當性衝動成功地克服了各種阻力（羞恥感、厭惡感、恐懼感、痛苦感）之後，做出舔食大便、姦屍等出格行為後，就更是如此。

　　但即使如此，我們也不能就此推斷一個人有性變態行為等同會有其他反常行為或精神疾病。從一方面看，在日常生活中行為反常的人，可能也會有性變態行為。但另一方面的事實是，有些人平時十分正常，但在性方面卻無法束縛自己的衝動，從而顯現出病態。

　　在大多數情況下，我們說性變態是一種病症，並不是因為性變態患者有新的性目標，而是因為他們的舉止過度出格，超越常人容忍的範圍。

　　如果性反常行為僅僅與正常行為並列出現（兩者具有共同的性目標和性對象），那麼即便客觀狀況有利於反常行為而不

利於正常行為，也不算是病態。只有當正常的性行為被性反常行為徹底取代，性變態行為將正常行為完全排除在外時，我們才可以將這類症狀斷定為病態。

## 2. 性變態的心理因素

在那些令人無法接受的性變態行為裡，我們可以觀察到性衝動轉化成該行為的過程，心理因素總會參與其中。

各種性變態行為其實都是精神工作的成果，這種性衝動轉化而成的輸出，其結果並不一定為人接受，但是我們所無法否認的。

愛情的本質，也許就在這類異常行為中體現的淋漓盡致。在性行為裡，最高級的力量和最低級的力量之間存有根本的內在聯繫（自天堂而人間再到地獄）。透過研究性變態行為，我們發現性衝動總是不斷在與某些精神力量作鬥爭，尤其是羞恥感和厭惡感。我們不禁思考到，正是因為這些精神力量的參與，使得性衝動圈定在正常的範圍內。如果這些力量在性衝動滿溢之前就已經做好建設，那就能夠引導性衝動朝著較正常的方向發展。[28]

28. 一方面，我們可將這些對性發展造成阻礙的精神力量——厭惡感、羞恥感和道德——視作是抑制性衝動的外部阻力，在歷史發展中沉澱下來的事物。我們可以觀察到，在個體性衝動發育的過程中，到了適當時間，當有教育或是其他外來因素的影響，這些力量便會自發出現。

　　此外我們還發現，有一些性變態行為其實是多個因素共同
作用所造成。如果我們對其加以解析，會發現它其實是一個複
雜的整體。這或許在暗示我們，性衝動本身也許就是由多個元
素所構成，而這些元素便在性變態行為中發生分解。臨床上，
我們也發現多種元素之間的融合，恰好是正常性行為的必要前
提。[29]

29. 對於性變態的起源，我
還要補充一句：我們有理由
相信，跟戀物癖一樣，在性
變態行為出現之前，曾經有
過一段正常的性發展時期。
個別案例的精神分析研究表
明，性變態是伊底帕斯情結
所留下的發展軌跡，在其受
到排擠之後，性衝動中那些
最為強勢的成分便開始蠢蠢
欲動。

# *4*

## 精神病患的性衝動

### 1. 精神分析

　　想要理解精神病患者的性衝動，須採用某種特定的方法。目前僅有一種方法可以精準為我們勾勒出精神病患者（歇斯底里症患者、強迫症患者、常被誤稱的神經衰弱症患者、早發性癡呆患者和妄想症患者）的性生活世界。這種精神分析領域的治療方式被稱作「內心淨化法」（kathartisch），是由我本人和J.布勞爾（J.Breuer）於1893年所共同創立的。

　　在此，我不得不重述我在其他論文裡反覆提到的觀點，即精神病總是源於性衝動。但並非是指性衝動的力量會誘發某些病症，我的觀點更進一步指出：性衝動是精神病唯一的、持續的，也是最重要的力量所在，因此精神病患者的性生活也就多少會表現出某些病症。

我過去的研究也指出：精神病症狀也就是患者的性活動的
展現。我過去二十五年間對歇斯底里症患者和其他一些精神病
患者的研究已經充分證明了這一點，這些研究的結論已經分成
數篇文章在發表，今後也將繼續撰寫這方面的研究文章。[30]

精神分析研究發現，歇斯底里症其實是一系列深刻的精神
活動、慾望和期許的替代方案。在某些特殊的心理過程（壓
抑作用）的排擠下，內心的慾望被壓抑許久，卻又無法適時轉
化為其他的精神活動得到宣洩。這些在潛意識中累積已久的念
頭，需要以某種適當的方式加以疏導，最終就以歇斯底里的這
種生理方式輸出，這也就是歇斯底里症的成因。

只要採取適當的方法，借助特定的技術，我們就得以從病
症那裡抽絲剝繭，找到它的本質核心。隨著了解的越發深入，
原本不為人知的心理活動也開始漸漸顯現出來。

## 2. 精神分析研究的結論

透過精神分析研究，我們可知精神病症本是內心訴求的替
代品，其力量源自性衝動。在歇斯底里症這種典型的精神病症
中，患者發病前的特徵及其發病原因均與上述結論不謀而合。

30. 如果我說，精神病症狀
一方面源於原慾的需求，另
一方面則是自我對原慾做出
反應的結果，這絕對是對上
述觀點的補充，而非駁斥。

歇斯底里症的患者，往往表現出超乎常人的性壓抑。羞恥感、厭惡感和道德心大大阻礙了他們性衝動的發展，甚至使他們本能地回避性話題。在極端情況下，有些人在完全步入性成熟期後，對性仍一無所知。[31]

然而，歇斯底里症患者同樣也有著異常強烈的性衝動。這種性衝動抵消了阻礙力量的作用，如果不加以細膩觀察，很難發現上述歇斯底里症這部分的重要特徵。唯有精神分析研究才能發現這一點，並證實歇斯底里症症是由於過多的性需求和過強的性阻礙兩者對峙所引起的，從而解開歇斯底里症的成因。

一旦歇斯底里症患者步入成熟期後，或因為某些外來因素的影響，他們真正的性需求需要得到釋放時，病情也就爆發了。在性衝動和性阻礙的雙重壓迫下，患者也只有發病這個出口。

雖然精神病並不能消除兩者的對峙，但它卻能使原慾得到轉化，借由發病得到宣洩。除此之外，極少會有歇斯底里症患者僅因為一些其他的情緒波動就發病。精神分析研究證實了這點，即以性為中心的矛盾衝突，導致了歇斯底里症的發作，它

31. 參見拙作《歇斯底里症研究》，1895年。對於自己曾運用內心淨化療法治療的第一位女病人，布勞爾這樣說道：「她的性知識少得可憐。」

使患者的精神生活脫離常態、悖離正常。

## 3. 精神病和性變態

有些人對我的觀點持反對看法，這是因為他們將我視作精神病症狀來源的性衝動與正常人的性衝動視作一體。隨著精神分析研究的深入，我們發現精神病症病不會由正常的性衝動引發（至少這不是主要因素），它們更多是由那些（廣義上）反常的性衝動轉化而來。

如果這類性衝動完全無阻礙由意識進入人們的思考和實踐中，就會誘發精神病症。換句話說，精神病症其實源自反常的性衝動，它其實是性變態的負面表現。[32]

而在精神病患者的性衝動中，我們能發現之前已經研究過的各種偏離正常性行為的症狀：

(1) 所有精神病患者（無一例外）在潛意識中都具有性倒錯傾向，他們的原慾一直停留在同性人群上。不加以深入研究，我們就不可能明白這一點對於精神病形成的意義。在這裡，我能確定的是：精神病患的潛意識中一定存有性倒

32. 性變態者對於自己的幻想有著清晰的認識，在有利的情況下，它可能轉化為實踐；妄想症患者心思細膩，他們將自己瘋狂的恐懼投射到了他人身上；在歇斯底里症患者的潛意識中，也存有幻想。以上三者的幻想十分相似，甚至有些細節都十分吻合。

錯傾向,性倒錯傾向對於解釋歇斯底里症,特別是男性的歇斯底里症具有十分重要的意義。

(2) 精神病患者在潛意識中傾向於達成解剖學意義上的超越,其中尤以將口腔和肛門黏膜視作性器官的情形最為普遍,這也是造就精神病的成因之一。

(3) 在精神病的成因中,一些以成對形式出現的性衝動引發了新的性目標,這部分也不容我們忽視。其中包括如窺視慾、露陰慾和主動／被動的虐待慾。

其中,第三項更容易幫助我們理解精神病症狀的本質,它也幾乎主宰了精神病患者的社會行為。許多精神病症還表現為由愛生恨,將溫柔視作敵意,這在妄想症患者中表現得尤為明顯,這類表現也與原慾關係深遠。

而以下這些事實,則可以讓上述結論變得更饒富趣味:

首先,凡能夠成對出現的衝動,必然會在潛意識中同時起作用。每一種主動的性變態行為,都會伴隨一種被動的性變

態行為。一個潛意識中有露陰癖的人，往往也有窺陰癖；一個有施虐傾向困擾的人，自然也會有受虐的傾向，但在每個病例中，一般都會由其中一種作為主導。[33] 這種主動／被動相依的性變態行為，值得我們重視。

再來，在一些較為典型的精神病案例中，往往不僅出現某一種反常的性行為；通常而言，反常的性衝動並不會單獨出現，每一種性衝動都會留下的其痕跡，但彼此並不會相互影響。因此，研究某種性反常行為，也總能接觸到它的另一對應面。

33. 精神病也時常與顯性的性倒錯行為一起出現，而性正常傾向，則成了這一過程中的犧牲品。我必須承認，儘管我在個案中曾有所發現，但是我在柏林與W.佛里斯進行了一番密談之後，才開始注意到精神病患者身上性倒錯傾向的絕對性和普遍性。這一事實尚未引起足夠的重視，但它必將深刻的影響一切的同性戀理論。有些人將此完全歸功於我，其實是不太恰當的。

# 5

## 部分性衝動與快感區

在研究過正面的和負面的性變態行為後，我們可以觀察到它們正是由一系列的「部分性衝動」（Partialtriebe）所引發的。

但這些部分性衝動也不是變態行為的本源，我們還可以對它們進行分析。「衝動」，指的是持續內在本能生理刺激所引起的心理反應，它與「刺激」的區別，就在於後者通常是來自單一外在的因素所致。也就是說，本能這個概念區分了內在和外在之間的差異。

我們也可以這樣解釋衝動的本質：衝動本身不帶任何含意，它只是用於計量精神生活需求程度的一種單位。這種解釋簡而易懂。各式各樣的衝動之所以有著不同發展，是因為有不同的生理刺激來源與目的。某個器官受到了強烈的刺激，進而

引發了衝動，衝動的產生，就是為了消泯這一器官的刺激感。[34]

在衝動學說裡，還有一個值得重視的設想：在不同的化學成分作用下，身體器官會受到不同的刺激。其中的一類刺激統稱「性刺激」，受到這類刺激的器官被稱為快感區（erogene Zone），部分的性衝動就由此產生。[35]

在部分性變態傾向中，口腔和肛門的重要性等同於性器官，其快感區的作用就越發明顯。在歇斯底里症患者身上，這些身體區域及其附近的黏膜彷若經過改造，擁有更多的感官神經。刺激這些部位，就像刺激正常性器官一樣，會使人產生強烈的快感。

這些異於常人的快感區，是性器官的輔助品和替代物，其用途在歇斯底里症患者身上尤為明顯，但這絕不是說它只適用在歇斯底里症上。不過其他精神疾病如強迫症和妄想症的快感區尚不清晰，其部位不是某個控制身體功能的生理中樞，而是某個更容易對一個人的心理活動產生影響的區域。

在強迫症的案例中，脈搏與快感區看似毫無相干，卻能使

34. 性衝動理論是精神分析學說最為核心的部分，但同時也是最不完善的部分。在我後來所寫的《自我與本我》（1920年）和《超越快樂原則》（1921年）兩篇文章中，我又對這一理論進行了完善。

35. 這一假設來自對一批精神疾病的研究，目前還很難得到證實。但如果缺少了這一前提，我們就很難就性衝動這一問題做出精闢的論述。

其產生新的性目標;又如在窺陰癖和露陰癖中,眼睛便是一個快感區;而對於施虐狂和受虐狂來說,皮膚就扮演了類似的角色。事實上,某些部位的皮膚可以異化成雷同黏膜的感覺器官,成為超強快感區。[36]

36. 不禁讓我聯想起了摩爾的觀點。他將性慾分為肉體接觸慾和消除腫脹慾,前者指的就是皮膚與皮膚相接觸的慾望。

# *6*

## 精神病患中性變態的盛行

　　依上文的論述，可能會讓有些人誤解精神病患者等同有性變態行為，而其在性行為一定有異於常人。

　　事實上，精神病患者在強烈性衝動和性排擠行為的雙重作用下，的確很容易出現廣義的性變態行為，但從一些輕度精神病案例的研究來看，性變態的出現並非絕對，至少我們無法單憑此項就斷定一個人精神病的嚴重程度。

　　大部分的精神病患，皆因為在青春期之後過不了正常的性生活而發病，他們內心所受的排擠，也與性生活大有關係。另外有些人的原慾無法透過正常的管道得到滿足，累積到一定程度導致病發。

　　在這兩種情況下，原慾就像一條水源豐沛的河流，一旦主流阻塞，便只得在乾涸的支流那兒尋求排遣。因此，精神病患

者的（主要是被動的）性變態傾向雖相對嚴重，卻是疏導原慾的必然途徑。

事實上，當一個患者做出性變態行為，一方面是由於他內心受到強烈的性排擠，另一方面也因為或是受到自由的限制，或是無法接觸到正常的性對象，或是正常性交存在風險等外部因素所迫。否則，他完全可以朝性正常的方向發展。

自然，各個精神病案例的情況都有差異，有的人天生便有性變態傾向，有的人則是由於原慾偏離，沒有正常的性目標和性對象，因此成為性變態。只有當體質和經驗皆朝著同方向共同作用之時，精神病症才會走向極端，這兩者相依密不可分，單獨探討任何一個皆是不妥。體質異常的人，即便沒有日常生活的體驗，也可以脫離正常範圍；而若在生活中曾受過非常的震撼，哪怕是正常體質的人，也可能變成精神病。如此觀點，也可以用來解釋一些其他同時受到先天和後天因素影響的疾病。

如果我們堅持精神病體質更容易誘發性變態這個說法，那我們應該便能根據天生快感區或部分性衝動的不同，區分不同的體質。不過這一領域的研究尚存許多謎團，性變態與精神病的種類是否存有關聯，目前尚沒有確切的結論。

# 7

## 幼兒性慾的萌芽

一旦我們證明了精神病患者也往往具有性反常行為，那麼性反常群體的人數，必定又會大幅上升。這不僅是因為精神病患者本身人數十分可觀，還因為精神病患的發展過程，其實與健康人群無異。

莫比烏斯（Moebius）有句話甚是有理：我們人人或多或少都有些神經質。由此，可知性變態不僅分佈十分普遍，本身也算不上特別出格的事情，甚至根本就是正常體質的一部分。因此，廣泛而言，我們人人也或多或少都有點性變態。

然而過去性變態的成因一直頗具爭議：性變態到底是與生俱來？還是像比奈特針對拜物教問題所論述的那樣，是由後天某些特殊經歷所誘發的？而現在我們認為，性變態有一定的先天性，不過這種先天性並非特定人群，而是全人類所共同有的

成分，它時強時弱，也可能在生活的影響下日漸顯現。

換句話說，性變態的性衝動最初是天生的，它紮根於每個人的體質之內，在某些情況下，它會演變成具體的性行為（性反常行為）；而在另一些情況下，如果不能很好地壓制（轉移）這些性衝動，它們就會另闢蹊徑，以疾病的表現形式將部分的性能量釋放排解。因此，在理想狀態下，如果人們能對性衝動和性阻礙加以約束使用，就可以享受正常的性生活。

但我們也要說明，儘管幼兒期的性衝動表現十分微弱，但人們體質所承載的先天性變態的萌芽，只有在幼兒期才會出現。當我們發現，精神病患者的發病原因，是因為他們保持或回溯了幼兒時期的性慾狀態，那我們就會把更多的關注放在幼兒期的性生活上。我們將依著孩童發育的階段，研究幼兒時期的性慾是如何逐漸發展而成性變態、精神病，或是正常性行為。

Chapter 2

# 孩子們的
# 「性衝動」
## (*Die infantile Sexualitätn*)

大部人認為，性衝動的出現始於青春期，幼兒期並不會有性衝動的出現，這樣的觀點乃因我們對性生活的基本規則缺乏了解造成。

全方位梳理幼兒期的性表現，將有助我們了解性衝動的基本特徵、發展過程及其不同的組成要素。[1]

有些專家在試圖闡明成人的特性和反應時，對遺傳的因素寄予了過高的期望。他們對人類祖先的史前生活格外關注，因而忽略孩提時代對個體發展也同樣具有重要意義。

事實上，幼兒期的影響更易被人理解，也必須在遺傳因素之前加以考慮。雖然我們也能在文獻中讀到孩童在發育早期出現勃起、自慰和其他類似的性行為記載，但這些行為長期被視作趣聞，或用以證明人類劣根性的存在。

就我所知，目前尚未有人為幼兒期的性衝動正名，且眾多在介紹孩童發育的書籍中，「性發育」這章往往一筆帶過，欠缺探討。

1. 事實是如果人們對於童年的性發展沒有足夠認知，也不無法確切理解遺傳因素的作用。

有鑑於爾後論述有些大膽，因此我遍查相關研究，希望對此進行考據。考據的結果是：此番話無須修正。目前學界對孩童性慾的生心理現象研究才剛萌芽。一位名叫S.貝爾（S.Bell）的專家曾道：「我至今還沒有見過有哪位科學家認真研究過青春期的情感。」[2]

青春期以前，生理上的性表現幾乎被當作是一種變異因而引起人們的注意，甚至還被視作是身體機能退化的表現。且在我閱讀過的孩童心理的著作中，都沒有任何的章節專門闡釋孩童的情慾生活，即便是普雷爾（Prayer）、巴爾德溫（Baldwin）、佩雷茲（Pérez）、施特魯佩爾（Strümpell）、卡爾·格魯斯（Karl Groos）、海勒（Heller）、蘇力（Sully）等名家也毫不例外。

但孩童具有愛的能力卻是不爭的事實，其中佩雷茲支持這種觀點；格魯斯在1899年出版的《人類的遊戲》一書中也將此做為一個常識：「有些孩童性衝動來得很早，在面對異性的時候會想要觸碰他們」；而根據貝爾的記載，最早發生「性愛」的案例是在一個兩歲半的幼兒身上。[3] 然而在斯坦利·哈爾（Stanley Hall）的巨著[4]出版之後，我們對於幼兒性慾無人提及

2. 《兩性愛情研究》，載於《美國心理學》雜誌第13卷，1902年。

3. 此處參見哈夫洛克·靄理士1903年出版的《性慾》一書。

4.《青春期心理及其與相面術、人類學、社會學、性、犯罪、宗教和教育的關係》（紐約，1908年）

的現況終於要做出一些修正了。相較之下，摩爾在1909年於柏
林出版的新書《孩童的性生活》就沒有太多的新創觀點。相反
地，布羅爾樂的《孩童的性反常現象》則值得一覽。

# 1

## 被遺忘的時光

以下兩點或許可以解釋為什麼大家都有意遺忘了幼兒時期的性發展：

- 一是專家因其自身所受教育的影響，存有一定的顧忌；

- 二是他們也可能是受了某種精神現象的影響。

這裡我指的是對幼兒期記憶的遺忘，大多數人（並非所有人）對自己六到八歲期間的童年經歷記憶模糊，此現象至今依舊成謎，不過好像目前也沒有人對此提出疑問。

細想似乎也不難，因為這段僅有少數模糊記憶的時間，正是我們開始對感受到的事物積極回應的時期。從這個時期開始，人們開始能夠表達出自己的痛苦與歡樂，同樣也表現出

愛、嫉妒和其他一些情感，為之澎湃。從成人的角度而言，孩子正是從此時期起開始具備了一定程度的洞察力與判斷力。不過在長大成人後，我們卻對這時期的記憶模糊不清、一無所知。

然而為什麼我們的記憶與其他精神活動相比如此遲鈍？我們完全有理由相信，幼兒期的接受能力和再現能力本應是最強的。[5]

但透過心理學研究，我們必須承認那些被我們遺忘的記憶，仍然在我們的精神生活中留下了極度深刻的印象，甚至決定了爾後未來的發展。

因此，其實孩提時期的記憶並非被徹底消去，只是對其有所遺忘，其本質是意識受到了一定的阻礙（排擠），如此類似的現象我們也能在一些精神病患身上可以觀察到。

但究竟是什麼樣的力量排擠了幼兒期的印象？若能解開這個疑問，我們或許也就可以解釋歇斯底里症患者的遺忘症。

無論如何，我們必須指出幼兒期經歷這種遺忘現象，提供

5. 我曾在《遮蔽性記憶》一文中，試圖解決一個與孩童的早期記憶相關的問題。（參見《日常生活的精神病學分析》第4章。）

了一個將孩童和精神病患精神狀態做對比的契機。說不定最後會發現幼兒期的遺忘其實也與幼兒期的性行為脫不了關係。

於此之前，我們在曾提到有些精神病患對性的認識依然停駐或是回歸到幼兒期時，已經做過類似的對比。此外，這種將幼兒期的遺忘與歇斯底里症患者的遺忘聯繫在一起的說法，亦並不是什麼玩笑話。

歇斯底里式遺忘症其成因是受排擠作用而成的，因患者的意識中已經存在一系列不能為其所用的記憶痕跡，但它們有著一股吸引力能夠在聯想的過程中，將存在於意識裡的記憶也拉入意識的盲區。[6] 可以說若沒有幼兒期的遺忘做一鋪墊，歇斯底里式的遺忘症也根本就不會出現。

我認為幼兒期的遺忘，導致人們回想自己的童年如霧裡觀花，它掩蓋了孩童性發育的經歷，因而人們不敢相信孩提時代的經驗會對將來性生活發展產生重大的影響。不過要填補人們意識中的空白，憑我個人的力量是杯水車薪的。

自1896年起，我便致力於使人們相信，幼兒期是性發展的

6. 這兩類情況裡，如果只能考慮中的一種，那我們就無法理解心理壓制的作用規則，好比遊客在攀登吉薩金字塔時，必須一邊推一邊拉才能上去一樣。

第一個階段,強調幼兒期對於一些和性生活有關的現象的起了
重要作用。

## 1. 幼兒的性潛伏期及其中止

研究顯示,一個人的幼兒期存有大量異常、例外的性衝
動,而對精神病患兒時記憶的發掘,也幫助我們描繪了這樣一
幅幼兒時期的性行為圖景:[7]

嬰兒身上就有性衝動的萌芽,這是眾所皆知的。但這些萌
芽發展了一段時間後,又有很長一段時間受到壓制。不過在性
發育持續衝擊下,隨著個人體質的增強,這種壓制終究會被打
破。這一發展過程有著什麼樣的週期性和規律性,至今尚無定
論。一般而言,幼兒的性活動在三至四歲時就能被觀察到。

此外,幼兒性功能的這一論斷也能在解剖學上得到印證。
拜爾(Bayer)曾發現,新生兒的內生殖器官(如子宮)要比年
齡稍長的孩童顯得大。哈爾班認為,這是一個人的生殖器官在
出生後逐漸退化的結果,但這一點尚未證實。

哈爾班1904年在《助產學和婦科學》雜誌上發表文章說,

7. 我們使用這些說法依據,
是因為精神病患的兒童時期
在本質上與健康人並沒有什
麼區別,只是現象的強度明
顯與否。

這種退化完成於出生幾周後。某些專家認為性腺細胞間隙組織是決定性行為的關鍵組織，透過解剖學研究，他們發現了幼兒性慾和性潛伏期的存在。以下文字引自利普舒茨的《青春腺及其作用》一書：「我們之所以認為青春期是性成熟的標誌，是因為這一時期性發展開始加速。但實際上，這一過程早已經開始，在我們看來它始於胚胎時期。」

費倫斯也曾經撰文指出：「我們現在所說的出現在十五、六歲左右的青春期，其實是青春期的第二個階段，從出生到十五、六歲的這一階段，我們可以稱為青春期的中間階段。」他的觀點證實了人類發展在解剖學和心理學層面上皆有一致性。但他認為，人類性器官發育的首次高峰是胚胎時期，而孩童性生活步入早熟則是在三到四歲的時候。當然，我們不能期望心理上的成長能與生理上的成熟步調完全一致。由於動物沒有心理學意義上的潛伏期，我們也無從知曉這些專家所認為的兩次性發展高峰是否也在其他高等動物身上存有。

## 2. 性壓抑

而就在性活動完全或部分潛伏的時候，那些會阻礙性衝動發展的精神力量（厭惡感、羞恥感、審美和道德感等等）也在

此時成形。它們就像消波塊一樣，為活躍的性衝動設置堤防。

我們過去總是認為，生活在文明社會中的孩子，便在教化中學會設置這些障礙的，但事實上，即便沒有教育，這些精神力量也可能誕生。教育固然十分重要，但這也是機體發育的必由之路，僅能在相當的權利範圍之內起作用，但它使得這股精神力量得以強化，使其變得更為純粹而有力。

## 3. 反向作用和昇華作用

精神力量對個人此後文化的習得和常態的保持有著關鍵的影響，那麼這些精神力量又是以什麼樣的方式形成呢？

這也許亦是幼兒期性慾自身的影響。在潛伏期中，性慾依然洶湧，但其絕大部分的能量早已脫離了原本的性目標，性衝動脫離原來的性目標，轉向新的目標的過程，稱之為昇華作用。正是因為這種昇華作用的幫助下，我們的文化才得以成就。這一點得到所有文化史專家一致的贊同。

而我想補充的是，這種昇華作用發生在每個人身上，其源頭可以一直追溯到童年時代的潛伏期。[8] 我們也可以稍加揣測昇

8 性潛伏期一詞也源自W.佛里斯。

華作用的機制：一方面，由於幼兒生殖器官發育尚不成熟（這也是潛伏期的重要標誌之一），因此性慾沒有足夠的作用空間；另一方面，幼年的性慾本身是反常的，它們源自快感區，以性衝動的形式得以表現，但卻只會在個體發育的過程中帶來不快。於是，一股精神上的反作用力（反向慾望）就被喚醒，厭惡感、羞恥感和道德感，構成了對抗這種不快的精神堤防。[9]

## 4. 潛伏期的中止

當然，我們上述對幼兒性潛伏期的觀點有一些猜測意味，論述也不甚清晰。不過在現實中，能對幼兒性慾善加利用更多是教育者的一種理想，具體到每個人身上，情況都會有所不同。有時一部分的性表現會從昇華作用中回歸，有時性衝動會在潛伏期中一直蠢蠢欲動，直到青春期到來時徹底衝破束縛。

在關注幼兒性慾時，教育者們似乎很是贊同我們的觀點，相信道德的防禦力量源自阻擋性活動，且相信幼兒的性活動無法馴化。但事實上，他們卻把孩童的所有性表現視作惡習（不過對此也沒有太好的辦法）。反之，我們卻很願意認真去研究這種被教育界視作洪水猛獸的性表現，因為我們希望從而能發現性衝動本來的面目。

9. 在現在這種情形下，性衝動的昇華作用恰好與反向作用殊途同歸。但通常來說，這兩個過程還是相對獨立的。除了反向作用外，還存有其他一些更為簡單的昇華作用形式。

# 2

## 幼兒性慾的表現

### 1. 吸吮現象

在幼兒性慾的表現中，吸吮是十分具有代表性的一種現象。對於此種現象，匈牙利兒科醫師林德納（Lindner）曾有過精闢的論述。嬰兒天生就有吸吮的行為，這種行為將一直延續到成年，甚至持續終生。

吸吮是指有規律地用口腔嘴唇去反覆觸碰一樣事物，但這並非都以汲取營養為目的。己身的嘴唇舌頭固然是嬰兒所愛吸吮的對象，可有時候即便是拇指也難以倖免。同時，嬰兒還會表現抓取東西的慾望，他們會用同一節奏扯弄自己的耳垂，或是他人身上的某個部位（通常是耳朵）。

吸吮的動作會消耗一個幼兒的全部注意力，使其沉沉入

睡，或是出現類似性高潮的和諧反應。[10] 伴隨著吸吮，嬰兒還會不自覺地撫摸自己的某些敏感部位，如胸部或外生殖器。許多小孩便由從吸吮開始，走上了自慰的途徑。

林德納十分明白是性慾驅使了這一行為，他也直截了當的指出這一點。在育嬰室裡，小孩吸吮手指其實就是一種另類的性犯罪。至於那些對林德納觀點提出異議的兒科醫師和精神病醫師，泰半是混淆了性與生殖器的區別。不過這兩者之間的矛盾，也同時帶出了一個難題：什麼才是孩童性表現的基本特徵？

在我看來，透過精神分析研究，我們逐步認清種種現象之間的關聯。我們完全有理由將吸吮當作嬰兒的一種性表現，並從中發現幼兒性行為的基本特徵。[11]

## 2. 自體享樂

由此，我們必要深入分析這方面的例子。

我們發現，這類的嬰兒性行為有一個特點，即其性衝動的作用對象並非他人，而是自身。他們在自己身上獲得滿足，哈

10. 說到這裡，我必須提出一點：性滿足是一種最好的催眠劑，這在人的一生中一直如此。許多精神病患失眠，多是因為其在性生活方面的不滿。而大家也都知道，有些保姆透過撫摸嬰兒的生殖器促使其入睡。

11. 有一位加倫特博士（Dr. Galant）在1919年的《神經科學中心通訊》第20期上發表一篇名為《吸吮》的文章，文章揭示了一位成年女子的自白。這位女子一直不曾放棄幼兒時期的性活動，她認為吸吮所帶來的滿足感完全可以媲美性行為，甚至是來自情人的熱吻。「並非一切的吻都抵得上吸吮：不，不，遠遠不及！吸吮帶給身體的感覺，完全不能用言語形容。它使人飄然如醉，感到絕對的滿足。這種感覺實在棒極了，我所需要的只有寧靜，永遠不被打擾的寧靜。這是一種難以言喻的感覺

夫洛克‧艾理士稱這種行為叫做自體享樂（Autoerotismus）。[12]

此外，我們還發現當孩童吸吮時，是在試圖找回一種曾經經歷過的快感。他們透過規律吸吮某處皮膚或黏膜，很容易就能獲得滿足。

我們能聯想到孩子所追尋的愉悅感受，最初是在什麼狀況下獲得的。乃是在其第一次也是一生中最重要的一次生命體驗中，透過吸吮母親的乳頭或如奶嘴等替代物，孩子們已經對這種感覺十分熟悉。我們認為，孩子的嘴唇如同一個快感區，溫潤的乳汁從此流經，繼而引發了孩子的快感。

最初，快感區的滿足和食慾的滿足是一起產生的，人類的性行為在幼兒期時最初是與維繫生存的功能緊密結合在一起的，隨後才獨立出來。如果你曾經將一個喝飽奶的孩子從母親的胸前抱開，他紅通通而微笑滿足的小臉，其實和成年人獲得性滿足時的表情如出一致。

但現在，獲得性滿足的需求和攝入食物的需求分開發展，因為當孩童長出牙齒後，他們獲得營養的方式已變成咀嚼而非吸吮。

12. 哈夫洛克‧艾理士所說的「自體享樂」事實上與我們今天理解的有所不同，它主要指那些來自內部，而非在外在刺激作用下產生的興奮。且對於精神分析學說而言，更重要的不是它的來源，而是一個人與性對象之間的關係。

　　孩子們不喜歡吸吮陌生物體，吸吮自己的皮膚會讓他們感到舒服很多，因為此時他們尚不想與外界交流，此時算得上是他們身上第二個快感區的皮膚就成了對象，儘管其重要性稍微遜色。

　　正是因為皮膚的重要性難以與嘴唇匹敵，它最終被嘴唇拋棄，而被另一個人的嘴唇所取代。（有句話說得恰到好處：「真遺憾，我不能親吻我自己。」）

　　但也不是一切的孩子都喜歡吸吮，只有那些天生就具有敏感的嘴唇的孩子才會如此。這種行為如果一直保持下去，這些孩子將來一定是善於接吻的人，甚至可能會親吻同性；若孩子碰巧是男性，還有可能養成抽煙酗酒的習慣。

　　可若他們這類的衝動受到過於強烈的排擠，他們可能也會出現厭食的症狀甚至會嘔吐。這是因為嘴唇是接吻和進食共用的部位，對性慾的排擠也會影響到食慾。我治療過許多患有進食障礙、歇斯底里式的塞喉症、窒息感和嘔吐等症狀的女患者，她們童年時往往都有習慣性的吸吮動作。

在吸吮這個動作上，我們已經可以了解到幼兒性慾表現的
三大基本特徵。

(1) 幼兒性慾的產生與進食的功能關係密切。

(2) 幼兒性慾還沒有性對象，仍處於自體享樂階段。

(3) 幼兒性慾的性目的受快感區的直接控制，我們暫且認為這
　　些特徵也適用於幼兒性衝動的其他行為表現。

# *3*

## 幼兒性慾的性目標

### 1. 快感區的特徵

我們從吸吮這個例子中，又獲知了不少識別快感區的方法。通常來說，快感區是指某處在特定的刺激下能使人獲得一定快感的皮膚或黏膜。然而促使快感產生的刺激需要具備特定的條件，我們對此還不甚了解。

可以肯定的是，這種刺激具有某種規律性，可能與發癢類似。但是由此產生的快感是否具有特殊性，是否是性行為所專屬的，我們還不甚清楚。對於快感的心理學研究還有許多未知，在這方面我們還是謹慎看待，也許若干年後，我們會找到支持其特殊性的理由。

快感區的特徵在部分身體部位上十分明顯，正如吸吮的

例子所顯示的那樣，有些地方天生就是快感區。但同例也可表明，任何其他的皮膚或黏膜都可以在特定條件下轉化為快感區。如此說來，刺激的強烈程度其實更取決於所生成的快感強度，而非其所作用的身體部位。

喜歡吸吮的孩子遍尋自己的身體，爾後找到某個身體部位作為吸吮的對象，習慣成自然，那個部位便成了他最常吸吮的對象。又如果他之後恰好碰到了某個天生的快感區（如乳頭或性器官），那這些地方自然就會成為他長期青睞的對象。

歇斯底里症的臨床表現中，我們也能從中發現類似的可轉移性。在這種精神病中，患者自身的性器官受到強烈的排擠，其敏感性轉移到其他身體部位。於是，這些本不應該成為成年人快感區的部位，也開始起到性器官的作用。但除此之外，身體其他部位也可能在刺激之下成為快感區，這點和吸吮的情形是一樣的。快感區和歇斯底里症的發作區具有相同的特徵。[13]

13. 經過更多思考和觀察其他結果的評價之後，我相信一切的身體部位，甚至內臟器官都具有成為快感區的潛能。具體請參見我對於自戀的論述。

## 2. 幼兒的性目標

幼兒期的性目標，是透過刺激特定快感區，進而獲得性滿足。這種滿足感必須是幼兒曾經歷過的，他的心中有重複這種

滿足感的需求，這樣的經歷（如吸吮乳頭）已早有安排，大自然已經在這方面做了精心的設置。[14]

在此之前我們已經提過，口腔在咀嚼食物時，同時也讓人感受了性快感，以後我們還將遇見更多類似的例子。

當一個人想要重複之前所獲得的滿足感時，他的狀態大致如是：一方面，他會有種奇特的緊張感，這種緊張感易使他感到不快；但另一方面，其神經中樞會開始有瘙癢感，並將這種感覺投射到其他次要的快感區中。所以我們完全可以認為，人類的性目標是用外來的刺激替代或消除內心投射到快感區的瘙癢感，在消除此種瘙癢感的同時獲得滿足。而這種外在的刺激方式往往與吸吮這個動作一定的相似性。

生理學知識表明，性需求其實也可以在邊緣區域生成，從而造成快感區的實際變化。然而，對同一個區域的刺激，既可以消除某種感覺，又可以使人產生新的快感，這聽上去多少有些矛盾。

14. 在生物學研討中，我們很難避免目的論的思考方式，儘管明知在某些情況下可能會誤導人們。

# 4

## 快感、自慰與性表現[15]

在理解了其中一個快感區的性衝動後，我們就能進而了解幼兒性行為的本質。不同快感區之間的最大分別，就在於要使人產生滿足感，所需的動作也不盡相同。就嘴唇而言，吸吮是使其獲得滿足的動作，由於每個部位的構造和狀況不同，其所需的動作也存在區別。

### 1. 肛門區的活動

與嘴唇一樣，肛門區的性活動和其他身體活動之間也存有聯繫。可以說，肛門區域本身具有很強的性意義，精神分析研究發現，這個區域的性衝動會產生令人驚奇的變化，同時它還保持著相當強的性感受力。[16]

孩童的腸胃經常會出現不適，這使得肛門區並不欠缺強烈

15. 這個問題觀點還較為混亂，但已經有許多文獻進行了論述。例如羅樂德（Rohleder）1899年出版的《自慰》和1912年出版的《維也納精神分析協會研討集》第2冊。

16. 參見拙作《性格和肛門性慾》與《論肛門性慾的性衝動轉換》。

的刺激。舉例而言，在年幼時受腸炎所苦，孩童會變得有些神經質；待長大成人後，腸炎也會對精神病患的某些症狀產生影響，這都與腸胃不適有關。於是，肛門區在經歷了刺激和變化後仍然能夠保持其性刺激意義，那麼古代醫學一直強調的痔瘡對精神病的影響，或許其來有自。

孩童時常透過控制排便來獲得快感，當肛門的糞便累積到了一定程度，從而引發強烈的肌肉收縮時，大量的糞便通過肛門黏膜的同時，便會產生強烈的刺激。

雖然這種刺激伴隨著一定程度的痛楚，但更多還是快感的滿足。所以，如果一個孩童堅決拒絕在看護者的要求下如廁，而較隨著自己的心意行事，那或許可以被視作是某種怪癖或神經質產生的前兆。

當然，孩子們並不是有意要弄髒床鋪，他可能只是不想錯過排便過程伴隨而來的肛門性快感。有些教育家認為那些不願意去排便的孩子是「壞孩子」，從某種意義上說，他們的說法恰到好處。

腸道排泄物除了刺激肛門黏膜，從而使人產生性快感（它的機制還類似於幼兒期過後才起作用的另一個器官），對於嬰兒還具有某些其他特殊的意義，即是孩童把排泄物看作是身體的一部分，順從兒排出就意味著奉獻和服從；反之，拒絕排便則表現出了他對周圍環境的不滿。

這裡的「奉獻」，對於孩子而言就意味著排泄等同「生孩子」，在幼兒的性認識中，孩子是吃了東西之後懷上的，之後透過腸道排出來。

最初人們為了刺激肛門區，憋住糞便不排出體外，從而達到一種自慰的目的，或是向自己的看護人提出抗議。這種現象也可用來解釋為何許多精神病患都有便秘情形。幾乎一切的精神病患排便習慣都十分奇特，他們將其視作是某種儀式，小心地保守著排便的過程，從中我們也可以觀察到肛門區的重要意義。[17]

此外，稍微大一點的孩子，在內心或是次要快感區搔癢感的作用下，還會用手指對肛門區進行自慰，如此案例也不乏可見。

17. 路易・安德里亞斯・薩勒莫（Lou Andreas Salomé）於1916年發表的《肛門與性慾》一文，大大促進了我們對肛門性慾的認知。他認為，孩童第一次被禁止透過肛門的性活動獲取快感，會對他們爾後的性發育產生極大的影響。乃這是他們首次感覺周遭環境對他們性衝動的壓抑，是他們第一次學會將自我與外界劃分，也是他們性快感第一次受到心理作用的壓抑。從此之後，「肛門」就成了一個可恥、唾棄的象徵。隨後，人們被要求將肛門性行為和生殖器性行為嚴格區分開來，這與肛門和生殖器在生理結構和功能上的相似性和緊密性形成對立。事實上，生殖器與泄殖腔緊密相鄰，「在女人身上甚至本來就是一體的」。

## 2. 生殖區的活動

在孩子的快感區中，生殖區域並非首位，也不是早期性衝動的作用區域，但卻在成年性活動中具有舉足輕重的地位。無論男女，這個地方（龜頭，陰蒂）都與排尿有關，它們最初被包裹在黏膜囊中，因此常常受到分泌物的刺激。這一快感區的性活動，是真正意義上的性器官活動，也是其後「正常」性生活的一部分。

由於身體構造的原因，有些人內分泌十分旺盛，沐浴時的洗刷和摩擦，以及某些偶然的刺激（如蛔蟲在女孩身體內的蠕動），都不可避免地使得這些區域在幼兒期就感受到性刺激，也使孩子產生重複體驗這種快感的需求。我們可以看到，對生殖區產生刺激的方式不勝枚舉，本應以清潔身體為目的的洗澡活動，反而使得一個人心生慾念，此外，幼兒期的自慰對生殖器的觸碰，也奠定了其後在性行為中的主導地位。

孩童可以透過以手觸碰或按壓生殖器來消除搔癢感，以獲得滿足感；女孩們夾緊雙腿也能取得類似的效果，至於男孩更喜歡用雙手自慰，從中也可見男性更有強烈的征服慾望。[18]

18. 成人自慰的方式繁多，可見自慰禁忌雖已經被克服，但還是有著深刻的影響。

若將幼兒時期的自慰主要分為三個階段，也許我們能更好理解。第一階段就是我們說到過的嬰兒哺乳期；第二階段出現在四歲左右，在一段較短的時期內，孩童的性行為十分頻繁；第三階段就是通常所說的青春期自慰。

## 3. 幼兒自慰的第二階段

　　一般而言，幼兒時期的自慰時間較短，但也有一些人的自慰行為偏離了文明人群所追求發展方向，且一直持續到了青春期，這可謂是文明的一塊缺憾。

　　在哺乳期之後，一般約是在四歲之前，生殖區的性衝動又會重新甦醒，如果精神力量等性阻力沒有出現，那這股性衝動將會伴隨著自慰行為，一直持續下去。當然，這一階段的情況因人而異，需要仔細分析每個個案才能了解性衝動所有可能發展的方向。但能確定的是，孩童第二階段的性行為（在其不知情的情況下）會在一個人的記憶裡留下深刻的印象。對於一個正常人來說，這將決定他未來的性格；而對於在青春期後患上精神病的人而言，這將決定他可能出現的症狀。[19]

　　在後者的情況下，精神病患者往往對這一段具有決定意義

19. 不久前，布羅爾樂指出，精神病患的罪惡感往往和對青春期自慰行為的回憶有關，不過此點還有待進一步剖析論證。但總體看來，有一點是不容辯駁的：自慰是整個幼兒期性行為的外在顯現，同時也繼承與此聯繫的所有罪惡感。

的時期記憶模糊，促使自己的記憶發生偏差。此前我曾提到，幼兒期的遺忘實則與幼兒期的性行為存在關聯，透過精神分析的研究，我們可以找回被遺忘的時光，發現那些隱藏在潛意識中的精神元素，從而消除那些因其而引發的強迫症行為。

## 4. 哺乳期後自慰的重現

一定年齡之後，哺乳期的性衝動會重新再現。它或是表現為由內而外的瘙癢感，且只有自慰才能得以滿足；或是表現為一種類似夢遺的行為，這跟性成熟後的夢遺類似，使人不需要採取任何行動，就能獲得滿足。

後者常見於在進入童年後期的女孩身上，至今仍原因不明，似乎是由早期頻繁的自慰所引起（但也非必然）。不過由於生殖器官尚未發育成熟，與其相鄰的泌尿系統承擔了其大部分功能，且這類性行為的表現也不明顯。有些孩童會感覺膀胱腫脹（其實是性慾受到阻礙的表現）；有些小孩則在夜間遺尿，這若非由羊癲瘋所引起，那就是類似夢遺的表現。

透過對精神病症狀的分析和精神分析研究，我們對於這兩者都有了較為準確的認識。哺乳期的性行為之所以再現，內

外因素都不可或缺。暫且撇開內在因素，光是這一時期出現的外在因素，就有著深遠的意義，其中最重要的外因當然是不當的誘導，有些人將孩童作為性對象，使得孩童的性滿足大受震撼，從而一再地試圖用自慰的方式重新尋回此種滿足感。這種影響可能來自成年人，也可能來自其他孩童。

　　儘管1896年由我撰寫的《歇斯底里症病源學》一文中，還尚未意識到正常人在童年有過性經歷的可能性，所以將誘導看得比其他的性行為和性發展更為重要，但我現在仍不認為自己高估這類事件出現的頻率和意義，對孩童未來性生活發展的影響。[20]

　　當然，僅僅是誘導還不足以使孩子的性生活徹底覺醒，其中必然也還有內因的主動參與。

## 5. 性變態的多樣化

　　在誘導之下，孩童可能會有多種性變態傾向，甚至出現各種出格行為。由此可見，孩子本身就具有適應這種傾向的能力。但而變態傾向之所以能夠暢行無阻，是因為由羞恥感、厭惡感和道德所組成的精神力量尚未成形。孩童此時的行為，與

20. 哈夫洛克・艾理士在1903年一本名為《性感覺》的書中附錄裡，列舉了一些正常人對自己童年第一次性興奮及其誘因的自述。當然，幼兒時期遺忘的部分，這些人的報告都還不夠完整。對於史前性生活的研究，還需要透過對精神病患者進行精神分析才能臻至完整。但無論如何，這份報告依然十分有價值，它使我修正對精神病病因的一些看法。

原始社會中那些尚未開化的普通婦女無異。

那些尚未開化的普通婦女的身體裡，往往具有各式各樣的性變態的因子，也許在一般的情況下她們的性行為還能表現得很正常，可是一旦在某個「行家」的誘導之下，她們有了各種性變態行為的體驗後，從此就可能一發不可收拾。

此外，許多性工作者的職業活動中也常見多樣化的性行為，雖然可能日後不再從事，但其性取向卻沒有改變。考慮到這類龐大人數，我們必須承認，性變態的取向由來已久，是人性中普遍存在的。

## 6. 部分衝動

此外，外界的誘導並不能幫助我們釐清性衝動的原始作用；相反，它過早地將一個孩子引往某種性對象，然而幼兒時期的性衝動本身卻並不需要，這反而混淆了視聽。

在此我們必須認識到，儘管幼兒期的性衝動主要集中在某些快感區，但其中還是有將他人視作性對象的性衝動存在。這些衝動與快感區無關，主要表現為窺視、暴露快感和暴力傾

向，它們將是窺陰癖、露陰癖、施虐狂、受虐狂等症狀的萌芽，但需等到一個人發育到一定階段之後，才會完全成形，但就在它們作為從快感區獨立出來的性行為，已經開始畢露鋒芒。

孩童不懂得羞恥，往往喜歡裸露身體，尤其喜歡展示性器官。另一種面向，則是他們窺視性器官的好奇心，不過這一點可能要稍晚幾年才會顯露出來，但那時的人們已經有了一定的羞恥心。但在外來誘導的影響下，變態的窺視行為，可能會對孩童的性生活影響甚劇。

然而，透過對健康人和精神病患者的童午研究，窺視慾其實更多地是一種孩童自發性的性表現。孩童專注於自己的性器官（這通常會伴隨著自慰產生），如果此期間沒有外來的干預，他們就會將這種關注拓展至玩伴的性器官上。

但因為只有在別人排泄時，才能看到彼此的性器官，久而久之，這些孩童就成了窺陰癖者，十分熱衷於窺視他人排泄的過程。雖然此種傾向隨後會受到排擠，但觀看（同性或異性）性器官的衝動仍然會在這些人身上持續作用。在有些案例中，

這就是造成精神病患者發病的首要關鍵。

孩童性衝動中的暴力成分,更是無關於快感區的性活動。孩童容易性情殘酷,是因為自制力和同情心等力量較晚形成,使得征服他人、從他人痛苦中取樂的念頭得以暢行。對於這種衝動的成因,至今還沒有很成功的精神分析,不過我們有理由相信,此種暴力傾向乃是由於孩童的控制慾,當性器官作用時,這種暴力傾向就構築了性生活的一部分。

這段性生活受暴力傾向控制的時期,我們稱之為性器官前期(prägenitale Organisation)。那些對小動物和玩伴殘忍的孩童,往往經歷過強烈的快感區性活動,而快感區性活動是所有早熟性衝動的最主要標誌。如果沒有精神力量如同情心的限制,這種童年與快感區連結緊密的暴力傾向可能伴隨一個人一生,這無疑危險非常。

自盧梭的《懺悔錄》付梓之後,我們了解教育者以打臀部的方法對孩童施行懲戒,會對其臀部皮膚造成痛楚,產生刺激,這正是暴力衝動的被動形式(受虐狂)的快感由來。

為此，有教育家提出，不應對孩童進行任何形式的體罰，尤其是打臀部這種行為更應被杜絕。這麼做，也是防止原慾在文明的教導之下走向殊途。[21]

21. 關於上述觀點的幼兒性慾，是我1905年以對成年人進行精神分析的基礎上得出的。當時，對孩童的直接觀察還未能全面，其成效也無法完全彰顯。此後，透過分析一些精神病孩童的個案，我對嬰幼兒的性心理有了更直接的觀察。我可以自豪地指出，直接觀察結果證實了精神分析研究所得出的結論，也從而印證了精神分析方法是一種十分可靠的研究方法。此外，我所撰寫的《對一個五歲男孩恐懼症的研究》一文，也為提出一些精神分析尚沒有觸及的區域，如性的象徵化（即用一個與性無關的對象來代替性對象的方式，這在孩童學習語言的第一年就已出現）。此外我還要補充說明一點：為了清晰論述，我對自體享樂和對象投射兩個階段做了明確的區分，彷彿兩者間存有明顯的時間差異。但無論是我引用的分析案例，還是貝爾的發現都表明，孩子在三到五歲時就已經能夠清楚地做出對象選擇。

## 幼兒的性研究之路

### 1. 求知慾

孩子們的性生活日漸蓬勃（這大概是三到五歲之間），與之同時，他們的求知慾和探索慾也開始萌芽。

求知慾並非性衝動的組成部分，但也不能說跟性慾毫無關係。從一方面看，它是控制慾的一種昇華；從另一面看，其能量是出自窺視慾。

事實上，求知慾與性生活兩者關係相當密切，透過精神分析研究我們知道，孩童的求知慾極早出現，且受到性問題的強烈吸引，求知慾或許就是由性問題所喚醒的。

### 2. 獅身人面像的謎團

使孩童積極探索的，並非獲取知識的熱情，而是實際好玩的興趣。在孩子們的經歷或臆測中，都有另一個孩子來威脅到他們地位的故事。他們會擔心一旦此事成真，另一個孩子就可能奪取原本屬於他們的關注和愛。

這使得他們變得敏感且惶恐不安，他們首要要研究的不是兩性之間的差異，而是「這孩子是從哪來的？」。只要我們回想一下，就可以觀察到這個問題其實跟底比斯獅身人面像所提出的謎語大同小異。我們以為孩童能夠清晰無礙的認識到兩性之間的差異，但男孩們卻理所當然認為，所有他認識的人都跟他一樣擁有陽具，沒有陽具的人，絕不會出現在他的概念裡。

### 3. 閹割情結和陽具崇拜

男孩們堅持著自己的看法，然而在事實面前，加之劇烈的內在爭執（閹割情結），他們不得不放棄了原先的看法。而對女孩來說，她們總想為自己所沒有的陽具找到替代物，這也為種種的性變態行為埋下了伏筆。[22]

22. 男孩和女孩都認為，女孩本來也有陽具，只是被閹割掉了。當男孩發現女孩缺乏陽具，他們會對女孩產生鄙視心理，而女孩則產生閹割情結。

認為所有人都擁有陽具的想法，是幼兒性理論中最難解但也影響最為深遠的一點。儘管生物學知識指出這種看法其實只

是一種偏見，陰蒂也可以被看作是陽具的替代物，但卻得不到孩子們的認同。

起初，小男孩看見小女孩缺乏陽具，會拒絕接受男女之間的差異；而小女孩看到小男孩的陽具後，她們會接受這一事實，隨之產生一種陽具崇拜，希望擁有陽具，成為一個男孩。這種願望也對女孩的性心理產生深遠影響。

## 4. 生育理論

相信在青春期之前的這段時期裡，很多人對於「自己是從哪兒來的」這個問題曾經有過濃厚的興趣。當時的答案可能五花八門：有人認為從胸部出來的，或是從身體裡給人掏出來，也有人認為肚臍眼一開，自己就鑽了出來。[23]

但因記憶受到內心的排擠，早年就這個問題進行探索的記憶，已經十分模糊了，但所有人得出的結論卻出奇一致：他們認為人們（如同童話描述）是吃了特定的東西，隨後懷上孩子，而生孩子的過程如排泄一般，孩子是從腸道裡生出來的。

23. 孩子們在這時期有各種性理論，本文僅列舉了少數幾例。

這種看法使我們想起了一些動物的構造，在那些比哺乳動

物還要低等的動物身上，仍然保留著生殖排泄共用的泄殖腔。

## 5. 將性交視作虐待

有些成人認為孩子不懂得何謂性，但若他們真的目睹了成人的性交行為，孩子就會將其視作某種虐待或征服性質的行為，對其中的暴力傾向印象深刻。

精神分析研究表明，童年的這類印象會深烙在孩子心底，使其性目標發生偏離，出現虐待的傾向。另外，孩子們往往還會聚集一起研究性行為或是他們對婚姻的認知。在他們的理解中，性行為可能與大小便功能密不可分。

## 6. 幼兒對性研究的失敗

總體而言，幼兒的性理論是建立在自身性認識的基礎上，雖然他們一些看法有些荒謬，但實際上他們對性行為的理解已經超越了對造物主的想像。

當孩子意識到自己的母親懷孕，也知道該如何正確解釋這一現象；捏土造人、送子鳥的傳說口耳相傳，但他們聽了並不全然相信。但由於孩子尚不清晰具有受精功能的精子和女性尚

未發育的陰道的存在，他們的性研究往往受到阻礙，甚至使他們的求知慾受挫。

此時期的性研究總獨立進行，這象徵了孩子邁向人世的第一步，同時它也使得孩子對自己原本信賴的人產生了疏離感。

# *6*

## 性組織的發展階段

綜覽上述，我們已經證明了幼兒期的性生活是自體享樂的（他們把自己的身體當作性對象），每一種部分衝動都會獨自行動，並最終達到獲取快感的目的。

隨著孩子的成長，他們的性生活會向成人正常的性生活靠攏，所有快感的獲得都是以生殖為目的，而部分衝動會在某個快感區的領導之下形成一個固定的組織，以期在自體之外的性對象身上實現自己的性目標。

### 1. 前生殖器性組織

以精神分析對幼兒時期的阻礙和錯亂進行研究之後，我們發現在這一階段部分衝動已經形成了一定的組織，一個性王國的輪廓已然構成。

這一階段的性組織運行低調且平穩，不怎麼顯露其存在。只有在個例中，它們才顯得活躍非常，可以輕易的觀察到。

這些生殖器尚未主導的性組織，我們稱之為「前生殖器性組織（prägenitale Organisationen）」。至今我們所知的前生殖器性組織主要分為兩類，分別是「口慾的性組織」和「肛門性組織」（它們令我聯想起了早期某些動物的狀態）。

第一類前生殖器性組織被稱做「口慾的性組織」，或者說是「食人的性組織」。這時，性活動和進食行為區分尚未明確的，男女的差異也不明顯，一種行為的作用對象同時也是另一種行為的作用對象，人們的性目標是將性對象變成自己身體的一部分，這種心理的認同感對人類的心理發展具有重要意義，且吸吮行為也可被視作從這病理學衍生出來的一種抽象性組織階段的殘留。在這個動作中，性活動已經從進食行為中獨立出來，性對象也被自己的身體所取代。[24]

第二類前生殖器性組織是施虐性的「肛門性組織」。時至這類性組織活動中，男女的差異已然成形，但我們還不能將其稱為「男性」的和「女性」的行為，而只能用「主動」和「被

24. 對於成年精神病患身上的這類殘留，可參考亞伯拉罕（Abraham）1916年發表在《國際精神分析》雜誌上的《原慾前生殖器時期發展研究》。其後來的文章（《試論原慾發展史》，1924年）中，亞伯拉罕明確區分了口慾的性組織和施虐性的肛門性組織，指出這兩個階段針對性對象的有著不同的行為表現。

動」兩個詞去代替。乃因這類組織的活動主要由全身肌肉的控制慾決定,腸道黏膜則是成為達成被動性目標的組織。

這兩類活動都有自己的性對象,且兩者的對象也不相同。除此之外,還有一些部分衝動以自體享樂的方式存在。即便在這一階段,區別兩性和外部的性對象都已經出現,但其性衝動仍尚未完全被生殖功能控制。[25]

## 2. 矛盾心理

上述兩類性組織都可能持續一生,人類很大部分性行為也都與其有關。其明顯的性虐待特徵和肛門區的泄殖腔功能,使得這類性組織十分「復古」。另外,相反的性衝動也以成對的方式出現,這被布羅爾樂(Bleuler)稱為矛盾心理,實在是貼切非常。

而我們對前生殖器性組織的認識大多來自對精神病的分析,如果沒有對後者的研究,人們對前者不可能有這麼多的理解。我們有理由相信,隨著研究的深入,能將正常性功能的出現與發展作一更深入的剖析。

為了讓讀者對幼兒性生活有更為全面的認知，我們還要補充一點：儘管，一般而言，認為對象選擇是青春期才特有的，但早在幼兒期，幼兒就開始選擇性對象。他們一切的性追求會集中到某一個人身上，期望在他那實現自己的性目標。對孩童而言，這已是他接近成人正常性生活的最佳途徑，這是因為他們的部分衝動還未形成力量，性器官尚不能充分地進行支配。

而進入到性組織的最後一個發展階段，便是性器官以生殖為目的，開始對部分衝動進行引導。[26]

### 3. 兩個時期的對象選擇

在正常情況下，性對象選擇會分成二階段進行，或說是進行了兩次跨越。

第一次跨越始於2到5歲，直到進入潛伏期漸漸平息，此時其性目標的選擇主要依賴於孩童的本性；第二次跨越則從青春期開始，它將決定一個人今後的性生活走

由於潛伏期的出現，一個人的對象選擇被分割了兩個階段，這會給一個人往後的性生活狀態造成很大的干擾。

26. 隨後的1923年，我對自己的上述看法做出了修正。我在兩個前生殖器性組織之後，又加入了一個新的階段。這個階段已經與生殖器產生了關聯，其性追求已經開始朝著生殖器靠近，但卻仍然與性成熟的最終組織有著根本上的不同。在這一階段，孩童只知道一種生殖器，即男性的陽具，所以我也稱之為陽具崇拜期。在亞伯拉罕看來，其生理學基礎可以追溯到胚胎尚未實現兩性分化的時期。

幼兒期的對象選擇會在稍晚重現，它既可能保持原狀，也可能在青春期發生更變。然而由於潛伏期時排擠作用的發展，幼兒時期的對象選擇已經毫無用處，性目標已然不再那麼重要，成了性生活中某種「幸福的煩惱」。

　　精神分析研究便能證明，在這股柔情、尊敬和崇拜的背後，是幼兒時期的部分衝動在作祟。青春期的對象選擇必須避開幼兒期的性對象，它更多地是一種感性的選擇。

　　幼兒期和青春期對象選擇的不一致，時常使一個人一切的慾望無法聚集在一個對象身上，從而也就無法達到性生活的理想狀態。

# *7*

## 幼兒的性慾來源

在探尋性衝動來源之時,我們發現性興奮有三個重點:

* 一是對其他組織結構所感受到的快感的重現;

* 二是源於周邊快感區的刺激;

* 三是某些我們尚不完全了解的衝動(如窺淫慾或施虐傾向)的表現。

從一個人的幼兒期中找尋現象原因的精神分析研究,結合此同步對孩童的觀察,將是揭示性興奮其他來源的雙重方法。若僅對孩子進行觀察,很可能會對觀察對象產生誤解;而精神分析的難處,是它在得出結論之前少有捷徑。如果結合兩種方法,我們就能較穩定的觀察到資訊,得到知識。

在快感區的研究中，我們已發現人全身的表皮其實都有敏感度，快感區的敏感度則異常強烈，但如果我們發現，皮膚的某些普通刺激也可能引起性快感，那也無須驚訝。其中最主要的是溫度刺激對人的作用，這或許也能幫助我們理解溫泉的治癒效果。

## 1. 機械性興奮

　　此外，有規律地機械性晃動身體，也會引起性興奮，這主要是因為平衡神經所連接的感覺器官、皮膚和深層部分（肌肉、關節等）受到了刺激。（不過必須指出，此處所說的「性興奮」和「性滿足」，其定義十分寬泛，稍後我們還會對其細加解釋。）

　　孩童通常很喜歡一些運動遊戲，如鞦韆或被拋到空中，儘管他們只是被動地接受人的擺弄，但他們依然樂此不疲。這恰恰說明，一些特定的身體晃動會使人產生快感。[27]

　　當孩童哭鬧時，若我們晃動他們，能使他們進入夢鄉。稍長的孩子，也都喜歡坐在車廂內跳動不定，或是在火車上晃動，幾乎所有男孩都曾在某個階段想過要當一名司機或是車

27. 有些人甚至記得，在身體晃動的過程中，氣流衝擊他們的生殖器，直接給他們帶來快感。

夫。他們對鐵軌上的任何震響都十分關注,在(青春期之前不久)這年紀裡,其性幻想的中心可能便是車或火車。

由於晃動能夠使他們感受到快感,他們可能不自覺地將乘坐火車旅行與性活動作一聯繫。但隨後,在內心排擠作用下,兒時的喜好最後成為累贅。

許多人在長大後會對晃動感到噁心,坐一次火車,往往會讓他們累得要死,甚至變得焦躁不安。有些人更是患上了火車恐懼症,以拒絕乘坐火車的方式防止糟糕的經歷再次重現。

事實上,在恐懼和機械晃動的雙重作用下,一個人甚至會出現歇斯底里般的精神病症狀,其原因尚不清楚。但我們至少可以猜測,這類影響雖然並不會引起太多的性興奮,對於性興奮的作用機制和化學機理卻具有極大的破壞力。

## 2. 肌肉活動

普遍認為,孩童需要激烈的肌肉活動,乃因他們從中可以獲得難以言喻的愉悅。這種愉悅與性是否直接有關?是否會使人獲得性滿足?或引起性興奮?這皆還有待討論。

我們認為，人們即使在被動狀態下，也能從他人的動作中感受到性興奮，但對此持不同意見的人也不在少數。不過事實上，許多人都說他們是在與玩伴打架的時候第一次感受到了生殖器的性興奮，簡單來說，除了肌肉的緊張活動外，其實因著肌膚的接觸，性興奮也會隨之而來。

有些人喜歡與特定某個人打架、拌嘴，這正是他們對象選擇的結果。同時，肌肉活動引發性興奮的過程，也開始為性衝動的施虐發展鋪墊。許多人對兒時透過打架而得到性興奮的經驗記憶猶新，這也成了他們的性衝動所青睞的發展方向。[28]

除上文列舉的之外，對於其他孩童性興奮的來源，人們基本上沒有什麼疑問。

## 3. 情感過程

透過研究和觀察，我們能輕易發現所有強烈的情感過程，即便是極為糟糕的記憶，都會影響孩子的性活動，這也能幫助我們更容易理解這些情感活動的病理學作用。

好比對考試的厭惡以及遇見難題時的緊張，對孩子與學校

28. 一些精神性步行障礙和空間恐懼的研究分析，打消以往對於移動是否能給人帶來性愉悅的疑慮。當代的教育十分崇尚體育運動，希望借以轉移年輕人對性行為的注意；確切而言，這是想用運動所給人帶來的快感來取代性方面的享受，從而將性行為回到自體享樂階段。

之間的關係不僅有著重大影響，還可能為他們在性表現方面取得突破的可能。在這類情況下，孩童往往會不自覺觸摸自己的生殖器，甚至會產生類似夢遺的狀況，使人陷入難堪。

孩子的行為使師長困惑非常，這就需要將其與萌發的性慾一同考慮。許多人在有恐懼、驚嚇和害怕這類並不太舒服的情緒時，從中感受到性興奮，這種感覺甚至會一生相隨，這也難怪許多人一再地追尋這類感受。當然，這類帶來的不適感不能太過強烈，所以人們總從幻想、文學和戲劇中去尋找這類感受。

因此，只要在安全的範圍內，痛苦其實也會給人帶來性興奮，這種情況大概也是施虐狂和受虐狂這類變態衝動的根源之一。我們也慢慢發現到，這類傾向其實也是許多因素共同產生的結果。[29]

## 4. 智力活動

自然，智力活動對性衝動的影響也不能忽視。無論是年輕人或成年人，當他們集中注意力在某項智力活動時，他們精神高度緊張，性興奮也由此產生。

29. 這被稱作快感性受虐狂（erogeneMasochismus）。

比如過度用腦會使人變得神經兮兮，這或許就是其背後的原因。

　　總體而言，我們對孩童性興奮來源的研究稱不上全面，但我們大抵可以得出以下結論：綜觀證據，性興奮的本質雖尚不清晰，但性興奮的產生必須透過動作。意即必須或多或少對我們敏感的皮膚和感覺器官進行刺激，性興奮才會產生，而對快感區的刺激則是最有效的。

　　要產生性興奮，刺激的品質便有著關鍵的作用，強度也不容忽視。另外，某些身體的活動若超過了一定限制，也會隨之引起性興奮。我們所說的部分性衝動，或是直接來自性興奮的內在來源，或是來自其與快感區的內外共同作用。人體的任何一項重要機能，都可能在性興奮的過程中發揮過功效。

　　我至今還無法將此命題表述清晰得當，一方面是因為我的觀察角度太過新穎，另一方面則是性興奮的本質尚未得知。但即便如此，我還是要提出兩點，我相信這將幫助在未來的研究中拓寬視野。

## 5. 性構造的多樣性

　　無論是從快感區的不同構造，或是各種性興奮的來源中，我們都能發現一個人的性構造天生就有很多階段因素。我們有理由相信，儘管一切的個體都會受到這些因素的影響，但其程度卻因人而異。反之，某一個因素的強烈影響，也會導致性構造出現差異。[30]

## 6. 雙向作用

　　如果我們放棄那種稱呼，不再使用性衝動的「來源」這種說法，那就容易作如此假設：既然其他的身體功能也會引發性興奮，那麼性衝動也能反過來作用於其他身體功能。

　　以嘴唇為例，既然進食能夠使人產生性滿足，那麼進食障礙，就有可能是由口腔的性干擾所致。另一方面，一旦我們知道集中注意力會引起性興奮，那麼也就不難想到性興奮也會反過來影響一個人的注意力。

　　由性干擾所引起的一些精神病，其症狀也就可以表現為某些與性毫無相關的身體障礙，因此只要了解其他身體功能也會受性興奮的影響，這一現象也就不再難理解了。此外，性干擾

30. 如此，每個人都具有口腔性慾、肛門性慾和尿道性慾等發展階段，我們不能因為相應的心理癥結的存在，就判斷一個人性反常或是患有精神病。一個人是否反常，還看其性衝動中哪一種成分相對較為強勢，並在實踐中佔據主導權。

除了對身體功能有所影響，也對其他的身體健康問題起著重要的作用。

　　至此，性衝動不再只會將己身力量全部集中在外部性對象上，由此，性慾的昇華作用也得以完成。但最後我們也必須承認，對於性興奮和其他身體功能之間的雙向作用和影響，我們仍得知甚少。

Chapter 3

# 「性成熟」的青春

(*Die Umgestaltungen der Pubertät*)

進入青春期後，幼兒的性生活也開始漸漸轉型為正常的終極形式。

以往，幼兒的性衝動主要是自體享樂；到了青春期，性衝動終於找到自己的作用對象。過去每一種的部分衝動和快感區都各自獨立，皆在部分性目標中尋求自己的快感；現在，一切的部分衝動都聚集為同一個性目標努力，生殖器區也開始統領一切的快感區。[1]

由於男女兩性新的性目標不盡相同，兩性的性發展傾向也就此分別。男性的性慾接續了幼兒期的發展，蓬勃了起來，男性新的性目標是釋放性產物（如精液），這與之前得到快感的性目標並不矛盾，並且若實現這一終極目標，也能給人帶來很強烈的快感。然而女性的性慾則略為萎縮，不若男性這般蓬勃。

在此時期，性衝動開始專注為生殖功能服務，實現這個過程，還需歸功性衝動本身的性別氣質和特徵。這時兩方對性對象和性目標孜孜矻矻的力量相互吸引，這就好比有兩股力量從一個隧道的兩端同時開挖，最終打通了隧道，使得靈與肉得以

1. 我常常將本文中的描述對象模式化，這是為了更突出不同對象間的差異。在此前，我已提過選擇對象以及生殖器崇拜對於幼兒性慾的影響力。

結合，正常的性生活就從此成行，幼年時的性慾也在此開花結果。

此外，在其他的身體組織中，要將多種功能聯繫在一起，並組成一個複雜的新機制，並不容易，若新秩序不能有效建立，病態的干擾便可能出現。簡單來說，性生活中的所有病態的阻礙，都是發展受到限制的結果。

# 1

## 生殖器的主導和前期快感

由前兩章的論述中可知發展過程的起點和目標，不過實現發展的過程卻尚不明晰，還有很多疑問尚須抽絲剝繭。

青春期最明顯的變化，首要注意的是外生殖器的發育，在幼兒期的潛伏期中，這部分的發育被抑制了相當長的時間。另一方面，內生殖器也同時在蓬勃發展，它們的成熟提供足夠的性資源，為繁衍奠下基礎。這套複雜的器官系統，終於等到了大顯身手的時機。

透過觀察發現，性器官會在外界的刺激下產生作用，外來的刺激主要透過三種途徑傳導給性器官：

- 一是從外部對快感區進行刺激，產生快感；

- 二是在器官內部以我們尚不知曉的方式傳導；

- 三是在精神活動中，外來的過去記憶和內在的興奮共同引起性衝動。

這三者最後都會引起性興奮，並分別體現在精神和生理兩個層面上。

精神上的表現主要是受到高度急迫，而產生的緊張感；生理上的表現則有很多，最重要的是性器官會發生一系列變化（陽具勃起，陰道變濕潤），這就意味著它們已為性行為做好準備。

## 1. 性緊張

性興奮何以讓人產生緊張感，十分難解，但解決這個問題將會有效讓我們理解性行為的過程。

雖然心理學界始終對此沒有統一觀點，但我依然堅持認為，緊張感就意味著不適感，一旦人有了這種不適的感覺，就會在精神狀態上做出改變，這顯然不符合性快感的本質。且事

實上性行為中的緊張感會使人感到愉悅，即便當性器官仍在準
備階段，這種滿足也清晰可感。

那麼這種不快的緊張感和快感之間到底有什麼聯繫呢？快
感和不適的對立，觸及了心理學的痛處。在這裡，我們最好還
是言歸正傳，別將這個話題扯開太遠。[2]

首先，讓我們來看快感區是如何重新適應的，它們對於性
興奮的傳導具有重要的作用。其中眼睛這個器官看似和性對象
毫無關係，但它卻在追逐性對象的過程中扮演關鍵角色，因為
它能在性對象身上發現美，從而使人產生性興奮。性對象的這
種氣質稱為「吸引力」，吸引力讓人感覺愉悅，從而提升性興
奮的程度。

若另一個快感區受到刺激，比如說用於撫摸的雙手，其作
用的效果也大致雷同。人們一方面會感到愉悅，並在這種快感
的鼓舞下做好性交的準備；但另一方面，性緊張的程度也會提
升，可若它不能牽動更多的快感，就會給人帶來更多不適。

舉例而言，若一個達到性興奮的女人，她的某個快感區

2. 我於1924年發表的《受虐
狂的經濟學問題》一文之序
言中，提出了解決這個問題
的嘗試。

的皮膚被人觸摸，這可能會引起興奮。這種觸摸本身會使人產生快感，但更重要的是，它還能喚醒性興奮，使人渴求更多快感。而這一作用的形成機制，正是我們要研究的核心。

## 2. 前期快感的形成機制

在性行為中，快感區的任務相當明確，在特定的刺激下，一個人身上一切的快感區會產生一定的快感，並伴隨著緊張感，從而促使性行為的完成。

而性行為的最後一步，就是以女性的特定快感區陰道黏膜去刺激男性的快感區，即陽具上的龜頭，在強烈快感的作用下，身體產生了射精的動力。且這最後的快感，無論是從強烈程度還是作用機制來看，都與之前的快感有所不同。這是一種經由洩身而達到的完全滿足，而因著這種快感，原慾所帶來的緊張感也就暫時被消除了。

在我看來，我們有必要對快感區所生成的快感，和由洩身產生的快感加以區分。我們將前者命名為前期快感，而將後者稱作後期快感（或滿足感）。在幼兒時期，人們就能夠體會到前期快感，雖然這種感覺當時並沒有那麼強烈；而後期快感則

是一種全新的感受，需要有一些基礎，而青春期的性成熟正是獲得快感的基礎條件。於是，快感區的任務，便是透過產生在幼兒期就已經獲得過的前期快感，最後使終極的滿足感得以實現。

而不久前，我在另一個完全不同的精神領域，也發現了類似的案例，即少量的快感能引發更強烈的快感。這個案例將有助研究快感的實質。[3]

### 3. 前期快感的風險

前期快感與幼兒性生活之間，可能因某些致病因素，反而得到了加強。

前期快感形成的機制，除了能夠為達到正常的性目標提供助力，也可能帶來危險。但若在性行為的準備過程裡，或是某一處的前期快感太強，或是其造成的緊張感不足，都會使性衝動的作用偏離，甚至止步不前，從而任由性生活的準備工作取代正常的性目標。

經驗表明，這一現象的出現，往往是某快感區或是某種

3. 參見本人1905年發表的《幽默及其與潛意識的關係》一文。由幽默所獲得的「前期快感」，能夠幫助人們掃清內心的障礙，從而獲得更多的快樂。

部分衝動，其在幼兒期就已經給人帶來太過強烈的快感。若這種作用固執地重複在隨後的性生活中出現，前期快感就無法接受生殖區的領導、適應新的秩序，並為後期快感服務。許多性變態行為便是如此生成，止步於某個性行為的準備動作止步不前，便是它們的共性表現。

為了預防前期衝動偏離正軌，從而影響性生活正常作用機制的最好辦法，就是在幼兒期確立生殖器區的主導地位。

這些過程通常是在幼兒期的後半階段（8歲至青春期開始前）完成的。在此時期，生殖器區的功能已和成熟期基本相同，當其他快感區受到刺激並產生快感時，它們同時也能感受到性興奮，並隨之產生變化，只不過由於幼兒尚無法洩身，性行為也就此打住。

除了強烈的滿足感，此時的孩童也能感受到一定的性緊張，儘管這種感覺並不強烈，也不易持續。由此，我們也就理解為什麼我們在論述性慾來源時，我們稱其是性滿足和性興奮的相結合。

我們也發現，在研究孩童和成年人性生活的過程中，我們過於誇大了兩者之間的區別，在此我們有必要做些修正——孩童的性表現並非與成年人完全不同，其中也有正常性生活的特徵。

# *2*

## 關於性興奮問題

快感區獲得滿足時，除了產生快感，還會產生緊張感。目前這種緊張感的來源和本質，仍不得而知。[4]

有人猜測緊張感來自快感本身，但這種說法不值置喙，因為在快感最為強烈、排出性產物的過程中，緊張感不僅沒出現，反而完全被消除。因此，快感與性緊張之間的關係並非直接，只是是間接的。

### 1. 性產物的角色

一般情況下，只有性產物的釋放能終止性興奮，但除此之外，我們有理由相信性緊張與性產物兩者間還有著更多其他的聯繫。

在節慾生活中，性器官時常會在夜間出現快感，並在夢中

4. 值得注意的是，在德語中，人們用「Lust」一詞來形容性興奮時既有些滿足，也有些緊張的感覺。「Lust」一詞有兩種含義，它既表示性緊張，也表示性滿足。

的性行為過程中排出性產物，即是俗稱的夢遺。對此，這種解釋相當有邏輯：精液的積存造成了性緊張，但這股緊張感無法透過正常的性交解除，於是只能在睡夢中另覓他途。

性慾可以衰減殆盡的事實，也同樣證實了這一點。如果精液量減少，那麼不但無法正常進行性交，快感區也無法從正常的刺激中感受到快感。同時我們也發現，一定程度的性緊張，是快感區產生性興奮的必要條件。

於是，我們就容易接受一種很流行的觀點：性產物的聚集到一定的量，會促使人產生緊張感，因為它對儲存器官的內壁施加壓力，這種壓力經由脊髓中樞，一直上傳到大腦中樞，從而在意識中造成緊張感。若快感區的興奮能夠促進性緊張，那麼只有一種可能，那便是快感區與神經中樞之間存有解剖學上的聯繫。因此，它們能夠提升性興奮的強度，且在感受到一定的性緊張之後促使其人進行性行為；可若緊張程度不夠，它們就會轉而促進分泌性產物。

在論述性過程時，馮・克拉夫特-艾賓就用到了種觀點。但這種觀點的不足之處，在於它僅能解釋性成熟男性的部分，

而對於女子、幼童及被閹割過的男性的性行為，都無法提出令人信服的理由。且在以上的三類情況裡，都不存在性產物的累積，這讓我們無法便宜套用上述這種模式。當然人們總會想到變通的方法，使得這幾類情況也可以用性產物累積的角度來解釋。

但性產物累積說並非萬用，有一些事情它仍無法套用。

## 2. 內生殖器的作用

性興奮在很大程度上其實和性產物的分泌無關，此點可在被去勢的男性身上得到印證。

在這些人身上，性慾逃脫了去勢的傷害，但其所意圖終結的行為也仍然存在著。此外，有些疾病會使男性精子無法生成，卻也沒有使這些人的性慾和性能力受到損傷。這也難怪里格爾（C.Rieger）會提出，如果男性在成年後才失去性腺，其精神生活也不會受到很大的影響。而在青春期前失去性腺的人，儘管他喪失性徵，卻也不一定是性腺喪失所造成的，也可能是由其他因素產生的發育限制較有關係。

### 3. 化學理論

由此，人們在動物身上進行了一系列的實驗，他們移除了脊椎動物的性腺（睪丸或卵巢），並在它們身上植入相應的類似器官，這系列的實驗結果為性興奮的來源提供了印證，也證實性產物累積說的失準。

在實驗中，E. 史坦納（E.Steinach）成功實現雌雄性別的轉化，並使動物的性心理行為也隨著生理性結構的變化發生了轉變。在這一連串的變性過程中，起決定性作用的，並非產生性細胞（精子和卵子）的性腺，而是被史坦納稱為「青春腺」的組織。隨著研究的深入，我們極可能發現青春腺是雌雄同體的，這也是高等動物雙性特徵的直接證據之一。（但青春腺也可能不是唯一與性興奮和性徵產生關聯的組織。）

不管如何，此項生理學的發現，與早已被我們熟知的甲狀腺影響性慾的作用相契合。我們有理由相信，在性腺的間隙部分會產生某種特殊的化學成分，血液將這些成分帶到特定的神經中樞系統，進而刺激其產生性緊張感。雷同的的現象並不少見，好比外來毒素進入身體，也可能使某個特定的身體部分中毒。

　　至於神經中樞如何引起快感區的性興奮，中毒反應和性交過程中的生理反應之間有何種區別，就不是我們研究的重心了。我們能斷定的是：某些性產物以外的物質，其實也對性過程有著關鍵的影響。

　　這種觀點略是武斷，但卻能夠支持到一個不為人知但又十分重要的事實：某些由性生活障礙所引起的精神病，其臨床上的表現，與中毒或禁慾的現象十分雷同，它們都是因為攝入了某種能夠引起快感的毒素（生物鹼）而引起的。

# 3

## 原慾理論

　　這種對於性興奮化學基礎的猜測與判斷，與我們為了解釋精神表現對性生活輔助的概念何其相似。

　　我們曾經提出原慾的概念，這是一種數量上時刻都會變化的力量，用以衡量性興奮的過程和化學反應。因考慮其來源的特殊性質，我們將原慾與支撐其他精神活動的力量作一區分，使其同時兼顧量和質的差異。且一旦性過程是由某種特殊化學作用所引起，那麼它就與一般攝取營養的過程有了本質的區別。

　　透過對性變態和精神病的研究分析，我們發現這類疾病中的性衝動其實不僅是由性部位產生的，也來自其他各個身體器官。

我們可以假設人體存有一個原慾庫，在心理上的表現我們稱之為自我原慾（Ichlibido），而所有觀察到的性心理現象，都以自我原慾的產生、增多，或減少、分配和轉移來作一解釋。

但只有當自我原慾作用於性對象時，它才能被我們順利觀察和分析，這種原慾被稱為對象原慾（Objektlibido）。我們發現，原慾或是附著在某些對象上，或是離開某些對象而轉投其他對象，並從而借此操控一個人的性行為時，原慾本身也暫時得到滿足。在所謂的轉型性精神病（Übertragungsneurosen，指歇斯底里症和強迫症）的精神分析，也為我們提供了更可信客觀的解釋。

而在對象原慾的觀察中，我們還發現它們會離開對象，以十分緊張的方式四處游離，最終再回歸自我，重新成為自我原慾。自我原慾的系統中還有一種與對象原慾相對應的稱呼，即是自戀原慾（narzißtische Libido）。在借助精神分析後，我們終於得窺見自戀原慾的活動，並進一步了解其與對象原慾之間的關係。[5]

5. 由於現在精神分析已被廣泛分析精神病及其他變形，這一前提已經不存在。

自戀原慾其實就像一個的儲存槽，原慾自此出發，去追尋對象，最終仍會回到原點。自孩提時代起，原慾就開始了對自我的追尋，隨著對象原慾的出現，這一作用雖逐漸被遮掩，但它在一直存在。

提出這套原慾理論的目的，是想以它去分析精神病和心理障礙等等現象，並以原慾經濟學（Libidoökonomie）來解釋所有觀察到的現象和過程。

自我原慾顯然對解釋深層的精神障礙，具有指標性的意義，但精神分析法只能為準確報告對象原慾的變遷過程，[6] 無法將自我原慾與其他作用於己身的力量，做一個確切的區分。[7]

因此，我們只能以猜斷的方式，才能將原慾理論持續發展。不過人們若是像榮格（C.G. Jung）那樣，千方百計迴避原慾這個概念，甚至將其與另外的心理衝動混為一談，那之前所研究的成果，也就毀於一旦。由此，我認為必須區分性衝動與其他衝動，原慾只能與性衝動有所關連，而之前我們提到性功能有其特殊的化學基礎，便為我的觀點提供了有力的證據。

6. 參見前文。

7. 參見我1913年發表於《精神分析年鑑》第6卷上的文章《自戀簡介》。在該文中，我誤認「自戀」這一術語是內克（Naecke）首創的，但實際上應該是哈夫洛克‧艾理士所創。

# *4*

## 男女差異

　　進入青春期後，兩性性徵開始了各自的分化，這一明顯的差異，也對人類發展產生關鍵的影響。

　　男女之間的差異在幼兒期就已經漸漸出現。女孩的各種性阻礙的精神力量（如羞恥感、厭惡感、同情心等）在出現較早，她們也比男孩更容易接受這些力量，也因此女孩受到的性壓抑更是明顯，其部分性衝動更多也以被動的形式顯現出來。

　　但在幼兒期，不論男女身上會有快感區的自體享樂，也因如此，男女性別差異在此時並不明顯，直到青春期才會開始完全顯露。

　　兼顧到幼兒期性表現的自慰和自體享樂等等特徵，我們完全可以認為小女孩的性慾有著男性的影子。若我們仔細思索

「男性」（männlich）和「女性」（weiblich）兩個詞的內涵，可以觀察到原慾天生有著男性特徵，且無論在男性還是女性身上，或其追尋的性對象是男是女，這一點都不會改變。

自我提出雙性理論，它對我們理解男女的差異上有著重要意義。不考慮雙性的共有特徵，就無法理解男女的性表現。

此外，由於女性的快感主導區是陰蒂，其快感區作用與男性的龜頭對應。儘管外生殖器對於性功能也有十分重要的作用，但我所觀察到的女童自慰案例，其作用對象也都是陰蒂，而非其他外生殖區。

但若女孩受到了外界的誘導，促使她不將自慰行為作用在陰蒂上，又有何處可以替代呢？若真的有其他的方式，那必定是例外，因為許多女孩性興奮的高點，都是由陰蒂的痙攣所引起。

由此，因為陰蒂經常勃起，因此女孩能輕易猜到異性的性表現區域，她們只需將己身性感受套用到男性身上便可。[8]

若想得知女孩是如何成為女人，勢必要繼續關注陰蒂興奮

8. 「男性」和「女性」這兩個詞看簡單扼要，但在科學界卻是一組混淆不清的概念之一，就目前而言有三種可能的解釋。第一種解釋是最基本的，也是對於精神分析而言最具價值的，這種解釋便是可以將他們理解成「主動」與「被動」，意即如果我們在文中說原慾是「男性」，即代表它是主動的，即便應用在被動的目標上也是。除此之外，也可以從生物學和社會學的視野來看待兩者的差異。第二種生物學上的解釋，可能是最容易理解的，便是男女之間的差異，體現在其是產生精子還是卵子，以及由此產生的生殖功能上。且生理通則上，男性也較為主動，他們肌肉發達，具攻擊性，身上原慾相當膨脹（但也非絕對，好比有些動物，雌性便體現此點）。第三種，則是社會學層面上的解釋，即來自對現實生活中男女的觀察。按照此觀點，一個人在生理上還是心理上都不可能是全然的男性或女性，而更兼具兩性特質，集主動和被動於一身的綜合，這部分無論心理特徵是否與生理特徵有關，此觀點都能印證。

的過程。進入青春期時，男孩的原慾越發膨脹，而女孩的性衝動卻受到壓抑和排擠，而陰蒂性行為首當其衝。也在這一過程，男性性生活的特徵日趨退出她們的身上。

在青春期原慾的作用下，那些性衝動不斷膨脹的男孩眼中，女孩越是壓抑，她們就越是有魅力。且陰蒂也仍然保留了「煽風點火」的作用，當性行為被允許後，它將負責把性興奮傳遞給鄰近的女性性器官，宛若引火的過程。

在此期間，年輕女子總是處於渾渾噩噩的麻醉狀態，也因此這一個傳遞過程，需要一段時間才能成形，且如果兒時的性活動頻繁，陰蒂可能就無法將其感受到的性興奮移轉出去。

許多女性對性較為冷淡只是表面，或說是局部。可能她們的陰道口真的麻木無感，但她們的陰蒂和一些其他部位仍會有興奮的感受。性冷淡的產生除了有性慾因素，也還有心理因素，也可能受到排擠作用的影響。

一旦性興奮從陰蒂傳遞到陰道口，此後的性行為就由新快感區負責接管。但與女性不同的是，自幼兒期起，男性的快感

主導區始終如一。女性快感主導區則發生過轉變，加之青春期以來精神力量的影響，她們身上的男性因素逐漸減少。

因此，女性更容易患上如歇斯底里症等精神病，也就此構成女性的宿命。

**尋找性對象**

　　青春期的轉變使生殖器區躍升主導地位，自此，男性勃起的陽具就迫不及待地希望找到性目標，並插入那個讓他們興奮異常的洞穴，也圓滿了幼兒期起就開始尋找性對象的過程。

　　最初，性衝動也與進食聯繫在一起，性衝動的外部作用對象其實就是母親的乳房。但在發現那個能帶來滿足的器官屬於某一個整體後，他便失去了一開始的性目標，進而他們的性衝動也邁入自體享樂的階段，直到潛伏期過後才重新回歸。

　　因此，若將孩子吸吮母親乳房的行為視作一切情愛關係起始，的確也不無道理。而尋找性對象在某種意義而言，其實就是在找回那熟悉的感覺。[9]

## 1. 幼兒期的性對象

9. 精神分析學告訴我們，尋找性對象共有兩條途徑。文中所說的是第一種，即根據幼兒時期的原型來尋找；第二種則是自戀式的，即試圖在他人身上尋找自我的影子。後者對於精神病病理學有著重要意義，但與我們這兒討論的話題無關。

即便性行為與進食行為分開發展，這個人生中第一段也是最重要的一段性關係仍然對選擇對象有著深遠影響，因為選擇對象便是一個尋回遺失愉悅感的過程。

在潛伏期內，孩童開始學會喜愛那些對他們施以援手、滿足他們需求的人，這一切如同幼兒期與乳母之間的關係模式。

有些人並不認同孩童對看護人的眷戀與重視是一種性愛行為的表現，但在透過精神分析仔細研究之後，兩者其實存在相當的一致性。事實上，與看護人的互動，正是孩童的性興奮和快感區性滿足的首要來源，而看護人（通常是母親）也對其關愛非常，並做出撫摸、親吻、搖晃等等動作。因此，其實在看護人的眼裡，孩童也成了性對象的替代品，她們投入的情感也和自己的性生活有關。[10]

若那些母親們知道這些親密行為會喚醒自己孩子的性衝動，並為他們今後的緊張感打下基礎，她們恐怕會驚訝非常。在她們的想法，這些行為純粹是出於對孩子的愛，與性無關，除去必要的護理動作外，她們也總是小心地避免觸摸孩子的生殖器。

10. 精神分析學說告訴我們，尋找性對象共有兩條途徑。文中所說的是第一種，即根據幼兒時期的原型來尋找；第二種則是自戀式的，即試圖在他人身上尋找自我的影子。後者對於精神病病理學有著重要意義，但與我們這兒討論的話題無關。

不過我們其實也明白，並非只有生殖器區能喚起性衝動，總有一天我們的情感也會對生殖器區產生影響。

即使這些母親對性衝動、對精神生活及其道德和心理的意義，有更多的了解，她們也無須為自己的行為感到自責，乃因她們的作為是在教會孩子如何去愛。而她們的孩子，也理應成為一個性需求旺盛的人，並在生活裡兌現性衝動的需求。

當然，若雙親對於孩子過於疼愛，甚至到了溺愛放縱的程度，自然並非什麼好，且這樣會使孩子在今後對愛的需求會更大，或是不能從較弱的愛戀中獲得滿足。

當一個孩子對父母不斷索取關愛，這可能是神經質的一種明顯徵兆；而另一方面，也是那些患有精神病的父母，才可能會表現出毫無節制的愛憐，並用自己的愛撫，親手將孩子送往精神病的路途。從中，我們也可以發現，那些患有精神病的父母，將自己的症狀傳給孩子，更直接的方法是溺愛，而非遺傳。

## 2. 幼兒的不安

很早以前，孩童就將對看護人的依賴視作是一種性愛的正常表現。

幼兒的不安，乃是來自對所依賴的人想念。正因如此，在面對陌生人的時候，他們會感到害怕。而孩童懼怕黑暗，也是因為他們看不見自己依賴的人；但若是他們能在黑暗裡抓住依賴的人的手，他們也就安分許多了。

也有些人認為，孩童的不安是因為那些看護人的恐嚇和鬼故事所引起的，這其實有些錯怪了他們。事實上只有性格膽小的孩子，才會被這些故事所嚇倒，但膽大的孩子對此一般都無動於衷。通常只有那些在溺愛之下，性衝動出現過早或過於強烈的孩子，才會性格膽小。

與大人們一樣，孩童也會將本身過盛的原慾轉為不安，而那些因原慾得不到滿足，而患上精神病的成人，也會和孩子一般在獨處時候感到害怕。這是因為他們的原慾離開給他們帶來安全感的人，於是他們就只好用最孩子氣的方式來緩解這種不安。[11]

11. 那些認為我的説法「褻瀆神靈」的人，哈夫洛克・艾理士研究母親和孩子之間關係的文章《性感覺》。在這篇文章中，他得出了與我相同的結論。

12. 我對於孩童恐懼來源的了解，來自一個三歲男孩。我聽過他在一個黑屋裡喊到：「阿姨，跟我説説話。這裡太黑了，好可怕！」他的阿姨對他説：「你又看不見我。説話有什麼用？」「沒關係。」那男孩回道，「有人説話，房間裡就亮了。」也就是説，這個孩子不是怕黑，而是在想念他依賴的人。只要能夠證實那人在身邊，他便能夠安心下來。精神上的焦慮來自原慾，它是原慾轉化後的產物，兩者間的關係如醋與酒一般難分難解，這是精神分析研究最重要的結論之一。對於此問題的更多討論，可參照我1917年在《精神分析導論》的論述，儘管在這本書中，我也沒有對此給出一個最終的解釋。

13. 參見我在第二篇論文中對孩童對象選擇的論述。

14. 亂倫作為禁忌是人類歷史的重大成就之一，如同其他道德禁忌，它也已經在個體之間實現了代代相傳。（參見我1913年出版的《圖騰與禁忌》一書）然而，精神分析研究依然表明，個體在面對亂倫的誘惑時仍然充滿了矛盾與掙扎，而他們也常常在幻想或是實際生活中逾越這一障礙。

　　如果父母的溫柔，沒有在青春期生理成熟前喚醒孩童的性衝動，使其性興奮過早蓬勃並進入以生殖器為主導的階段，那麼它就能夠在孩童進入成熟期後對其對象的選擇進行引導。[12]

　　顯然，孩童基本上會傾向選擇最親近的人性對象，早在他們原慾剛起步之時。不過隨著性成熟期的延後，孩童有相當的時間在正常的性阻礙前，再設立一道防止亂倫的界線，將自己依戀的血親排除在對象選擇的範圍之外。

　　社會文化要求我們重視這一界線，以防家族利益侵犯了更高級社會單位的形成條件。也因此，我們不惜一切代價，要求每個人（特別是青年男子），與自幼兒時期就關係密切的家庭成員保持一定的距離。[13]

　　因此，孩童最初的對象選擇往往靠的是想像。對進入成熟期的青年而言，其性生活沒有太多空間發揮，只能實踐在不可能成為現實的幻想裡。[14]

　　在這些幻想中，幼兒期的傾向會再次出現，並且加上生理上的性成分。而這些傾向中最重要的是孩童與父母們的性衝

動，但這種衝動在性別分化的作用下會出現異化：兒子只對母親感興趣、女兒只對父親感興趣。

而青春期的性幻想，其實是幼兒期性探索的延長，這一過程也可能提前發生在潛伏期的某個時間段裡，且極可能在潛意識中發生，因此我們很難確切指出何時開始。這類幻想其實也是各種精神病症狀的初期表現，也是受到壓迫的原慾尋求滿足的產物，其對精神病研究也有著重要意義。

此外，性幻想也是夢的範本，在日間刺激的影響和作用下，性幻想得以在青春期夢境裡重新上演，且普遍存在一些個人不曾經歷的事件。例如有些人想像父母做愛的場景，有些人想像自己被所愛的人誘姦，有的人則想像被閹割，或是想像在子宮內的感受等等。此外，一個孩童不論在童年或是長大後，還可能會以截然不同的態度來面對父母，這類想像被稱作「家庭傳奇」（Familien Roman，指孩童們想像自己並非是父母所生），它們與神話密不可分。[15]

而伊底帕斯情結顯然是精神病的本質核心，幼兒性慾在這一情結中達到高潮，這也對成年後的性生活產生決定性的影

15. 奧托・蘭克（Otto Rank）1909年發表的《神話中英雄的誕生》一文中對此進行了詳細的辯證。

響。人們自出生之後，都面臨著伊底帕斯情結的難題，如果無法克服此點，便不免會患上精神病。隨著精神分析研究的深入，伊底帕斯情結的重要性也日益顯現（對精神分析學說持支持者或反對者異見的區別，就在於是否認同此點。）

在另一篇1924年的文章《出生之殤》，奧托·蘭克指出，對母親的依賴可似乎可追溯至胚胎時期，他認為，對出生的恐懼所造成的心理創傷，才是亂倫禁忌的最初來源，這個說法也奠定了伊底帕斯情結的生物學基礎。

一旦完全克服並摒棄此種亂倫的幻想，也就意味著孩童終於從父母的權威之下獨立出來，這可稱上是青春期最重要，但代價最是沉重的精神成就。而在此種過程中，老少兩代之間也開始形成對立，這對於文化進步有著重大的意義。[16]

然而，人生每個階段總有一些脫隊的人，有些人終身不能擺脫父母的控制，而他們的情感也幾乎無法離開父母身。這種情況多見於女性，她們與父母無話不談，始終停留在孩童對父母的愛戀中。

16. 參見我在《夢的解析》中就伊底帕斯王的故事註定以悲劇收場的論述。

有趣的是，往往正是這些女性在爾後的婚姻生活裡，無法盡到一個妻子的本分。她們冷漠的性情和性愛上的冷淡，無法帶給丈夫應有的滿足。由此可證，對父母的喜愛雖看似與性無關，帶實際上有相當聯繫，可以說，這些對性的冷感，恰恰是原慾的發展尚停留在孩童階段的結果。

　　於是，挖掘性心理發展的越深，阻礙越強，亂倫的對象選擇的意義就越發明顯。而也因精神病患對性愛的態度有所抵觸，在潛意識裡尋找性對象就成為其他絕大部分的性行為。那些對情愛憧憬無限，卻又害怕現實性生活的女孩，一方面不自覺地想在現實生活中實現無性之愛，另一方面則將她們的原慾掩蓋在一股她們無須自責的真情之卜。她們的處埋方式就是个被青春期所影響，始終堅持幼兒期對家人的愛戀。

　　她們對自己血親的感情，其實就是普世意義上的愛戀，精神分析研究可以將她們潛意識中的想法，透過她們的症狀和她們病症的其他表現，在意識中顯現出來，從而向這些人證明來其中因果。同樣，若一個健康人因為一場不幸的愛情而患上疾病，其患病的機制也能如此解釋：這些人原慾作用的對象，回到了幼兒期喜愛的人身上。

### 3. 幼兒對象選擇的影響

　　即使少數幸運的人沒有受到原慾這種亂倫傾向的干預，他們也無法完全擺脫這方面的影響。許多年輕男子的初戀可能是與成熟的婦人，許多女孩也往往則會對較年長、且有著威嚴的男子一見傾心，乃因這些人身上可能有他們父母的影子，這都可說是亂倫傾向的後遺症。[17]

　　一個人的對象選擇，可以說都是在這種基礎上進行的。特別是男性，他們尋找對象，實是在尋找記憶中的母親形象，乃因自童年開始，這種形象就已經給他們留下了不可磨滅的印象。而與此對應的是婆媳之間，若這些男人的母親依舊在世，她們會對媳婦橫加挑剔，實際上是對自己的替身感到不滿。

　　若明白了幼兒期與父母的關係，對一個人的對象選擇意義重大，我們就不難理解對這種關係的任何干擾，都會對孩童成年後的性生活造成極大的影響。

　　同樣的，人在戀愛中的嫉妒心理，也常能在其幼兒期找到原因，或者至少是受到了其時經歷的推波助瀾。如果幼兒期雙親之間常起爭執，婚姻不甚美滿，那孩童的性生活便更容易紊

17. 參見後文《畸戀：男性選擇對象的特殊類型》。

亂，甚至使其走向精神病的途徑。

　　幼兒期對父母的依戀，誠然是青春期最重要的印記，也是選擇對象的重要參照，但卻絕非唯一的決定因素。也有許多來源相同的因素，使得男性留戀己身的童年、產生多種性傾向，從而為對象選擇設下各種的條件。[18]

## 4. 性倒錯的預防

　　對象選擇的重要任務，就是將人引向選擇異性，但這個過程並非一帆風順。青春期的第一股衝動，往往容易方向迷失，但尚不會造成持續的影響。德紹（Dessoir）就曾指出：男孩與女孩的同性關係密切也屬於常態，唯有異性性徵彼此吸引，才能阻止人們在對象選擇上性倒錯的可能。[19]

　　當然，僅憑這一段文字，仍不足以將此問題解釋清楚。但肯定的是，單就這股吸引力，還不能讓性倒錯徹底消除。要完全將其消除，還需要一些輔助力量，其中最重要的，當屬社會的權威性禁止。乃因在那些不把性倒錯視作犯罪的地方，總會有相當多的人表現出性倒錯的可能傾向。

18. 人類在千奇百怪的情慾表現，以及在戀愛時所表現出的強迫症特徵，皆可追溯到幼兒期，並可被視作幼兒期性影響的殘跡。

19. 在此，我要特別提及一本想像力十分豐富的書，即是費倫斯1924年出版的《試論生殖理論》。作者在這本書中，從生物學的發展史角度出發，研究了高等動物的性生活。

　　此外，兒時來自母親或其他女性關愛的部分回憶，也會使男性在日後接近女性；而父親及男性曾帶給他們的性恐嚇和競爭感，則會轉移他們在同性身上的注意力。這種方式也適用於女性，若母親嚴格管束她們的性行為，這會使得她們對同性懷有敵意，也促使她們的對象選擇朝正常的方向發展。

　　然而，由男性（如古代的奴隸）看護男孩，會增加其成為同性戀的機率；當今的許多貴族中有不少性倒錯患者，或許就是因家裡的男僕過多，而母親對孩子照顧不周所致。

　　而有些人患上歇斯底里症，乃因父母的一方過早離開（或是因為去世、離婚或分居），孩童全部的愛戀集中到剩下的單親身上，這就決定了孩子在日後性對象選擇所偏好的性別，可能使得性倒錯成為長期傾向。

# 6

## 三論摘要

　　至此，我們總結以上的論述。在《性學三論》中，從性衝動的錯亂現象為起點，分析性對象和性目標，並提出「性衝動是天生的還是後天形成的」這一問題。

　　透過精神分析研究，我們對精神病患群有所了解。此人群人數眾多，和健康人幾近一致。而若了解精神病與性衝動之間的關係，性衝動的起源問題也就不難理解。

　　且我們發現，各種性變態傾向均存在於精神病患的潛意識裡，它們也是精神病的一大誘因。可以說，精神病是性變態的一種負面展現。且有鑑於性變態傾向的廣泛，我們當可相信，性變態是人類性衝動的一種本性與本質，隨著生理結構的發育，心理防線的設立，它會逐漸成為所謂的正常性行為。

於是，我們期望在幼兒期找到性變態的軌跡。同時我們也發現，羞恥感、厭惡感、同情心等等來自社會文化中的道德和專制乃是束縛性衝動的主要力量。如此，若一個人在性錯亂無法自拔，那必是他的發育過程受到了一定的阻力，使其陷身於幼稚行為之中難以脫逃。

性變態的形式種類十分繁多，除了強調其重要意義外，我們也必須指出，它們與影響正常生活的力量之間是相輔相成的，而非對立相剋。

此外，既然這些本質本性成分複雜，那麼性衝動也可看作是由許多元素組成的集合，在性變態行為中，這些組成的成分亦發生分歧。由此，性變態行為既能被看作是正常發展的障礙物，也能被視作是正常發展的一部分。可以說，成人的性衝動正是幼兒期各種興奮感的結合，它們聚集為一體，朝著一個共同的目標孜孜矻矻的追尋。

同時，我們也為性變態傾向，往往出現在精神病患身上的現象提供了解釋。我們認為這是性衝動主流被壓抑作用阻擋後，被迫另尋出口的結果。由此，我們開始進行幼兒期性生活

的研究。[20]

　　但人們往往對幼兒時期的性行為不太重視，甚至將某些常見的幼兒期性表現視作反常。在我們所見，自出生那刻起，孩子早已經具備性行為的雛形。在其攝入食物時，他們也同步享受著性滿足，並透過吸吮這一動作不斷的重新尋回此種快感。

　　但與其他身體功能相異的是，幼兒的性行為發展並非順遂無阻，在過了2至5歲這段活躍期之後，它便進入潛伏期。這並不是指性興奮在這一階段徹底停止，相反它們依然存在，在相當程度上被轉為其他能量源泉，只是多用於與性無關的活動。也就是說，它們　方面轉化成某些社會情感元素，另一方面在壓抑作用和反向作用的影響下，為日後性防線的產生奠定基礎。

　　按此說法，那些約束性衝動的力量，實是在幼兒期以絕大部分的反常性衝動為代價，並結合了外來教化下而形成的。不過一部分沒有被用於此途的反常性衝動，則仍然可能表現出來。

20. 此方法不僅適用於被動的性變態行為，也適用於主動的性變態行為。主動的性變態行為出現，一方面是因為性慾停留在幼兒期，一方面則是因為其他性發洩的途徑受阻，性慾受迫而退化回幼兒期。因此，主動的性變態行為也能以精神分析來治療。

於是我們可以發現，孩童的性興奮來源相當多，快感區的適當刺激便會產生性滿足感，此外每寸肌膚、每個感覺器官，甚至是每個身體器官都有可能成為快感區，而有一些快感區因有著特殊生理構造，天生就能帶來超越一般的快感。此外，性衝動也可能是身體機制到達一定強度後的附加品，這點在某些或是憂慮或是愉悅的情緒起伏中表現得甚是明顯。

而在幼兒期，上述這些來源不同的性興奮尚未聚集，它們各自獨立作用，以獲得快感為目標追尋著。因此，幼兒期的性衝動並不集中，加之也沒有作用的對象，故仍然處在自體享樂的階段。

然而生殖器這一快感區的地位，也正是在幼兒期這段間日益顯現。它們一如其他的快感區在適當的刺激下也能使人感受到性滿足一樣，且在其他快感區性滿足的刺激下，生殖器區還能以一種我們尚不清楚的方式，產生特有的性興奮。但可惜的是，我們目前仍無法清楚闡釋性滿足和性興奮兩者的關聯，也沒能清晰說明生殖器區和其他性慾來源之間的關係。

不過透過對精神力量障礙的研究，我們也發現早在幼兒期

性生活的早期，各種性衝動的成分就開始形成一定的性組織。

在第一階段，幼兒的性快感主要來自嘴唇口腔；第二階段又稱前生殖器性組織，施虐和肛門快感是這一時期的主要傾向；直到確立性器官主導地位前的第三個階段，生殖器才真正開始在性生活中發揮作用。

接著，我們發現更驚奇的事，便是在幼兒活躍的性生活中（2到5歲），對象選擇這一機制也已出現，而且還對日後的性生活有著關鍵的影響。

儘管在此時期，性衝動的各種成分仍未聚合，孩童的性目標也不是那麼明顯，我們仍要把這一時期視作是最終性組織的源頭。

人類的性發展大致經歷兩個活躍階段，中間則被潛伏期隔開，這在我們看來具有十分重要的意義。似乎是人類文明發展的必需條件，但也同時種下精神病的種子。據我們所知，人類的動物近親身上並沒有類似的現象，由此可推測，人類的這一特徵源自人類初步起源的史前時期。

　　至今我們尚不清楚，幼兒期的性活動在多大程度上可以被視為正常，且不會對其今後的發展產生非正面的影響。在這一時期，幼兒的性表現主要是自慰，但經驗也揭示來外來的各種誘導可能會導致潛伏期提前中斷，甚至是就此終止，因此孩童的性衝動也有機會有著各式各樣的反常行為。此外，這類早熟的性行為都或多或少會弱化孩童的可教育程度。

　　雖然我們對於幼兒期性生活的認識未全面掌握，我們仍可對進入青春期後性慾的變化做一研究。而在這一時期，有兩個過程極具代表性：

- 一是生殖器區起了主導作用，其他性興奮的來源都開始受其轄制；

- 二是人們開始積極地尋找性對象。

　　這兩種過程在幼兒期便有所體現，前者主要透過前期快感機制完成，那些原本獨立、且能帶來快感和興奮的性行為，皆開始為新的性目標（即宣洩性產物）奠定基礎，一旦這個目標達成，帶給人巨大的快感，性興奮則消失殆盡。

此後，我們也考慮到兩性的差異，且發現在新的壓抑作用之下，女性身上幼兒期的男性特徵逐漸減少，其主導生殖器區也開始發生變化，女孩就是在這一過程中成為女人。

　　我們還發現幼兒期孩童對其父母和看護人的依戀將影響將來對象選擇，由於亂倫禁忌的是一前題，因此他們不能將父母和看護人選為性對象，只好選擇與其相似的人。

　　最後，我們仍要補充一點：在青春期這個過渡階段，生理和精神兩造的發展初始並不統一，直到某股強烈的精神愛慾，對生殖器官的神經系統產生相當的刺激，才會使正常的情愛的功能臻於完備。

## 1. 阻礙正常發展的因素

　　從許多例子可以證實，在這一系列的發展過程裡，稍有不慎，就可能令正常的發展止步，性衝動崩解。接下來的篇幅裡，我們再度理解可能對發展造成負面影響的各種內外因素，並指出它們造成傷害的作用機制。

　　以下我們所列舉的因素，他們的重要性可能並不同等，還

得要對其重要性進行適當的評判，無論如何我們都必須做好面對困難的準備。

## 2. 體質和遺傳因素

首先要提到是先天的性體質差異，這或許是對性發展造成阻礙的最主要因素，但此類差異只能從隨後的性表現中推測出來，且這種逆推過程有許多不確定性。

在眾多性興奮的來源中，其中一種來源可能過於強烈，這種波動雖然處於正常範圍之內，但仍會體現在最終的性結果上。

當然，我們也容易將其看作是遺傳變異的結果，猜測這種現象可能是由某種不正常因素直接導致反常性行為的出現，這種不確定因素稱之為「變質性」因素。

事實上，我其實有更為令人驚奇的發現。在我治療過的重度歇斯底里症和強迫症患者中，過半數人的父親曾在婚前感染過梅毒，這在一些人的既往病史上皆有著確切記載，其中有些人更已發展成脊髓癆或全身麻痺症。

我要指出的是，這些患上精神病的孩子皆無患有遺傳性梅毒的生理跡象，而梅毒所造成的遺傳性後果，或許便是他們異常的性體質。我並不主張將父母患有梅毒這件事，看作是子女精神病體質的常規或必要條件，但我也相信上述的這層關係絕非偶然，不容忽略。

　　由於患者有意逃避調查，積極性變態患者的遺傳狀況往往不太為人所知。但是我們有理由相信，性變態與精神病皆出同源。我們時常可發現，性變態和精神病會出現在同一戶家庭不同性別的成員身上，其（部分）男性成員往往呈現積極的性變態特徵，而女性成員則受到精神排擠的影響，呈現出負面的性變態特徵，即是患上歇斯底里症。

　　此外，這個現象為我們提出的「性變態和精神病有著根本聯繫」的觀點，提供了很好的印證。

## 3. 其他因素

　　但這並不等同先天性體質中成分的不同，就決定一個人後期的性生活樣貌，實則上還有很多因素會影響一個人的性發展，而每個人都有著不同的際遇，這也為每個人的性發展帶來

各種不同的可能性。

這類後天的影響因素顯然是決定性的，即便是大致相同的體質，也可能會走向完全不同的結果。若所有反常的體質一直保持原狀，且隨著性成熟得到增強，那其最後的發展結果便是性變態。

雖然我們目前還無法深入分析這些反常的性體質，但如果這一切無誤，我們就更容易去解釋某些現象。

許多專家認為，性衝動先天孱弱，是某些人沉溺在性變態之中無法脫離的必然前提。但我認為這種說法太過極端，如果換種方式，也許更合情合理：性衝動中的某個因素，即生殖器區天生較為虛弱，而這一區對於整合各個快感區獨立的性行為，使其服務生殖功能，有著重要的意義。如果生殖器區無法主導其他快感區，那本該在青春期發生的性興奮整合，也就無法順利運行，以致某些較強的性衝動成分恣意妄為，從而造成性變態行為的出現。[21]

21. 我們常發現最早出現在青春期的性潮流是取向正常的，但是由於它十分孱弱，在第一股外在阻力面前就瓦解了。於是，患者就退回到性變態行為中無法自拔。

## 4. 壓抑作用（排擠作用）

而在發展過程中，若過強的性衝動成分受到壓抑作用的排擠，那結果肯定大相逕庭。

　　我們首先必須指出，這類性衝動並沒有完全消失，它們仍舊會引起性興奮，但在精神阻礙的影響下，它們無法實現自己的性目標進而沉寂下來，直到以病症的形式再度出現。最終結果，往往是性生活並無偏離正常軌道，但卻受到一定的束縛，從而使人出現某些精神病症狀。

　　透過對精神病患者的精神分析研究，我們已經對這類情況甚有了解。此類人的性生活通常以變態行為作為開始，整個童年充斥著變態的性行為，少數情況下，這類行為還會一直持續到性成熟之後。

　　爾後，在某種內在壓力的作用下，反常的性行為會受到排擠，雖然舊的性興奮並沒有被消除，但精神病行為卻替代了性變態行為。這一變化通常出現在青春期以前，也可能在青春期後的某個時間點出現。這不由得讓我們聯想到了一句俗語：少時做妓女，老來成尼姑，只不過在此案例中，年少的時間段十分短暫。

此外，精神病能取代同一個人身上的性反常行為的這一發現，與此前同家庭裡的不同成員分別患有性變態和精神病的事實不謀而合。

精神病，其實是性變態的一種負面形式。

## 5. 昇華作用

反常的性體質的另一條出路，就是在「昇華作用」的影響下，疏導某些過強的性興奮，將其能量運用到其他領域，使得原本極度危險的傾向，轉化成能夠大幅增加精神效率的因素。

可以說，昇華作用是藝術創作的動力源泉之一，昇華作用完整與否，也決定了一個人的藝術能力。那些在藝術方面富有天賦的人，通常是高效、性變態和精神病的結合體。因昇華作用的另一種表現面向，就是來自反向作用的壓制。

反向作用早已在潛伏期時出現，在理想情況下，這種壓制後的成果是可以伴隨人一生存在的。至於那些被稱作個人性格的事物，有很大部分是以犧牲性衝動為代價進而形成的，它們的能量來自幼兒其所固有的性衝動、由昇華作用得來的性衝

動，及能有效壓抑其他性變態進行的性衝動。[22]

或許可以說，幼兒期普遍的性變態傾向，正是我們一部分美好品格的來源，因為它透過反向作用促使美好品格的產生。[23]

## 6. 偶然經歷

性慾釋放、壓抑作用和昇華作用是三種最為重要的後天因素，其中壓抑作用和昇華作用所發生的內部條件目前仍不清晰。此外，由於其他產生影響效果的作用相對微弱，因此有些人也將壓抑作用和昇華作用視作先天體質的條件，認為它們乃是先天體質的外在表現。若以這種觀點出發，則表明性生活的最終形態也就完全取決於天生的體質。

雖然如此，人們卻也承認，發生在各時期的偶然事件，也同樣會影響人們性表現，而體質和這種偶發因素之間的關係，也難以衡量。

在理論界，人們總是傾向強調體質的作用；可在心理治療實踐中，治療師們更在乎後者的意義。絕不能忘的是，這兩者之間的關係是相互合作，而非互斥的。體質因素需要一定的經

22. 有些性格特徵甚至直接與特定的快感區存有聯繫，例如頑固、節儉、正派等觀點，來自肛門性慾，而雄心壯志，乃來自尿道性慾的強烈作用。

23. 通曉人情的左拉，其《生的快樂》一書有這樣一個大度無私的女孩。因為她為自己所愛的人犧牲所有的財產和生活的願望，在此時，她十分嚮往得到他人的呵護和關懷，若稍被冷落，就會表現出殘酷無情的那面。

歷作為引發，方能開始作用；偶然經歷也需要體質作為基礎，才能有其效果。

大多數情況下，我們可以假設兩者構成了某種「互補體系」，當其中一項因素的影響力下降，另一項因素的影響力就會互補而上升。當然，我們也得承認在某些極端情況下，會出現僅有其中一種因素發揮的情況。

如果我們將早期童年的某些經驗視為偶發因素，那精神分析研究就更有其用武之地。

由此推斷，我們可以將原本單一的病因體系分成兩方面：一種是素質上的（die dispositionelle），一種則是確定的（die definitive）。前者由體質和兒時偶然經歷共同作用，而後者則由體質和創傷性經歷共同作用。且所有對性發展的負面影響，都會以退化的形式表現出來，使其重回某個較早的發展階段。

現在，我們回到正題，繼續列舉可能會對性發展造成影響的因素，而暫且不管其是否有其重要作用。

## 7. 性早熟

自發性的性早熟就是這類因素中的其中一個，在精神病的病史中我們已經證明它的存在，但若僅憑這一點並不會導致精神病。性早熟表現是幼兒時代性潛伏期的中斷、減短或廢止，這種現象只會造成性功能上的紊亂。

　　因適當的性阻礙尚未出現，生殖器系統也仍未發育成熟，因此性早熟所引發的性表現自然會有反常的傾向。而這類反常傾向會一直存在在人們身上，又或者在壓抑作用之下，轉變為引發精神病症狀的動力。

　　無論情況是哪一種，性早熟都會讓中樞神經對控制性衝動造成困難，也增加了性衝動在精神表現方面的強迫性。性早熟時常與心智提前發展同步出現，此點在那些聲譽遠播、成就卓著的大人物身上也時有體現。如果兩者一同出現，就不會像只有性早熟因素單獨出現時那般危險。

## 8. 時序因素

　　還有其他與性早熟一樣，像是所謂的「時序因素」也需要列入考慮。每一種性衝動的出現順序，持續多久，於何時被新的性衝動取代，何時被壓抑作用所抑制，這些次序彷彿都早在

物種誕生之初就被設定好的。

不過無論是性衝動出現的順序，還是其持續時間的長短，其中依然會存在變數，而這些變數也會影響性衝動的最終呈現。因為壓抑作用的效果是不可逆的，因此任一種性衝動出現得過早或過晚，都可能產生問題，且性衝動的成分一旦稍有偏差，就會影響最終的結果。

此外，極其強烈的性衝動，通常持續的時間十分短暫，例如那些最終成為同性戀的人，可能也出現過短暫的異性戀傾向。而幼兒期最是強烈的追求，也不一定能持續下去，並成為成人的特徵；事實上，它們很可能消失，並讓出空間，給予自己的對立面去發展。

然而，在發展過程裡發生時序錯誤的原因，目前我們還無法給予確切的答案，因其中牽涉到生物學領域，甚至是歷史學領域的問題，一切種種尚不在我們的能力範圍。

## 9. 早期性印象的持久性

由於某項精神因素的提升，早期性印象越發凸顯其重要

性，不過我們對於該因素的來源並不清晰，只能暫且視其為一種先入為主的心理觀念。

透過研究發現，凡患有精神病或是性變態的人，皆對其早期性行為印象深刻，他們不自主地想要重複早期性行為的感覺，任由自身的性衝動恣意奔放，但在健康人身上，就不會發生類似的現象。

另一方面不容忽略的是，早期精神印象的依戀，或許正是一些精神病的成因。此種說法，一種可能的解釋是：這些人的精神生活裡，回憶的畫面太過鮮明，因而掩蓋住新事物的印象。

這種情況顯然與我們的心智教育有關，且與一個人的文化程度成正比。相反的，那些「只活在當下的不幸之人」，則被我們看作是野蠻人。[24]

且由於我們的文化，與自由的性發展之間存有對立，我們的生活往往會受到相當程度的影響。但在較低級的文化和社會形態裡，孩童的性生活並不會帶來嚴重的後果，反之在文明程

24. 一個人責任感的增強，可能也是早年生理上性表現旺盛的結果。

度較高的社會中，此點就十分重要。

## 10. 反常性行為的固化

　　在上述這種早期性印象心理環境的刺激下，曾經的偶然經歷逐漸開始引路幼兒性慾的方向。在前者的幫助下，偶然經歷（特別是被其他孩子或成人誘導）將為一個人持續的性反常奠定基礎。早期的性印象，直接決定許多精神病患和性變態患者身上的反常性行為。

　　至今許多人還天真認為，幼兒與性慾兩者絲毫無干。但總體而言，己身體質、性早熟、早期印象的增強，加之在外來影響上突然旺盛的性慾，都是將反常性行為的固化可能原因。

　　透過性生活中種種問題的研究，我們得出了一個尚不能令人滿意的結論。乃因我們對構成性慾本質的生理過程不甚了解，也就無法提出一種既能解釋正常現象又能解釋病態現象的理論。

第
二
篇

# 《性學三論》
## 的實踐

# Chapter 1

## 愛情心理學

(*Psychologie des Liebesleben*)

# 1

## 畸戀：男性對象選擇的特殊類型

　　一向在人類根據什麼樣的「愛情標準」進行對象選擇，以及他們如何在想像的要求和現實的條件之間保持一致的這個難題上，我們一向信任作家的描述。

　　客觀而言，作家們的確有解決這個問題的能力。一方面，他們善於以細緻入微的觀察力發掘深埋他人內心深處的情感；另一方面，他們也敢於將自己的潛意識世界展現給他人，同時剖析自我。

　　但因為某些因素，作家的作品價值也會打些折扣。作家必須帶讀者去體驗知性和美學上的快感，並喚醒他們內心情感的共鳴，因此，他們難以將現實一點不差的呈現出來。作家須對現實進行切割與琢磨，並從中剝離出對其不利的內容，並做一些填補加工，令全文讀來流暢，這一切過程被看作是一種被稱

為「詩意自由」（Poetische Freiheit）的特權。而對於其文中所描述的內心狀態，作家們也無心去細究它們的前世今生。

也因如此，當科學家們面對一部千年之間令無數人讚嘆神往的作品，反而會有些不知所以然，甚至讀來感覺索然無味。然而這樣的現象，正好可以側面觀察，我們對人類愛情生活的研究是完全合於科學的，科學研究完全凌駕「快樂原則」（Lustprinzip），且正構成了我們的心理活動基礎。

在心理治療的過程中，治療師可以很容易就能明白精神症患者的情感生活現狀。在精神正常甚至是精神狀態頗佳的人身上，也可以觀察到類似精神症患者的行為出現。若是有人運氣極佳，收集足夠多的樣本資料，便能歸納出各式各樣的類型。

而在此，我要介紹男性對象選擇的一種特殊類型，因其受到一系列愛情條件的約束，故並非那麼容易理解，甚至會讓人覺得有些陌生，唯有借助精神分析，才能對這一現象進行解釋。

所有的愛情條件中，有一點最為特殊。只要在一個人身上

發現此點，就大致可以將之歸入這一種特殊類型，並可轉而在其身上尋找這一類型的其他特徵了。這第一個愛情條件我們可以稱之為「受傷的第三者」。

換句話說，這類男人在選擇愛戀對象之時，絕不會考慮單身或是離異獨居的女子，而只會對有夫之婦、已經訂婚的人或者他人的情婦感到興趣。在極端的情況下，一個身無所屬的女人可能長期得不到重視，甚至被這類男人所討厭但只要這個女人一跟其他男人扯上關係，她就會成為其追求的對象。

而第二個條件也並非常見，卻也容易引起注意。它常伴隨著條件一出現，但條件二也往往更容易獨立出現。於是那些堅貞正派的女子，很難成為這類男人的愛戀對象；相反，性生活紊亂、毫無忠誠度的女子卻容易引起他們的注意。

這些男子的口味也分不同的方向，無論是那些喜歡與人調情的有夫之婦、習慣腳踏多條船的交際花，還是所謂的大眾情人，都有人偏好。說得露骨一些，這些人實際上就是非蕩婦不愛。

　　若說第一個條件滿足這些男人爭強好勝的慾望，那第二個
條件裡那些浪蕩的女子，則能使這類人有足夠的空間發揮他們
的嫉妒心，這一點也是這類人所必需的。唯有當他們為了女人
爭風吃醋之時，他們的激情才會到達滿點，而選擇這些女子的
目的也就達到了。於是，這些男子會把握任何能展現醋意的機
會，將自己高漲的嫉妒心借題發揮。

　　但奇妙的是，他們從不會嫉妒自己情人的合法對象，而總
是投以懷疑的目光在意中人身邊的那些陌生人身上。甚至有些
人從不期望獨佔一個女人，而更願意沉浸在某種三角戀關係。
我的一位病患，曾經因為自己情婦的放蕩而飽受折騰，不過後
來那個情婦要結婚，他卻沒有表示任何異議，甚至大力促成此
事。若干年後，他也不曾對情婦的丈夫表現出任何嫉妒。

　　此外，還有一個典型病例，患者一開始非常嫉妒自己情婦
的丈夫，還多次要求自己的情婦離婚；但在之後的幾段感情
中，他也開始和其他人一般，不再將情婦的合法丈夫視作嫉妒
對象。

　　以上兩點是要說明這類男性的愛戀對象，其所必須具備的

條件，而接下來，我們要揭示他們究竟是如何對待自己的愛戀對象。

正常的戀愛關係裡，堅貞自潔的女子總是受人喜愛，淫亂放蕩的女子則會被人輕視。但我們現在要討論的這類男子卻與之相反，他們認為後者才是值得他們傾心的愛戀對象。

他們會費盡心力，去維持與這類女人的曖昧關係，完全為之傾倒。在他們眼裡，情婦是自己唯一的摯愛。他們自願對情婦保持忠誠，但事實上也經常食言。

我們不難從中觀察到，這種關係明顯有著強迫症的影子，這或許可以說是所有戀愛關係的共同癥結。但可千萬別認為這樣的經歷一次就足以刻骨銘心，絕對不會再發生。但事實上這種經驗會在這類男子身上重複發生，每一次幾乎都是上次的翻版。一旦他們的佇足地和周圍環境發生改變，他們的愛戀對象也會隨之發生變化，類似經歷幾乎可成一個系列。

而令旁觀者最驚訝的，恐怕是這類人懷有「拯救」自己情婦的慾望。這類人堅信自己的情婦需要自己，否則她們就會自

我墮落，跌入道德的谷底。所以，他要拯救她，且對她進行管束。

若是他們的情人真的放蕩到為社會所難容，那他們的想法的確情有可原；然而，即便沒有這些事，他們也是我行我素。

我曾經見過一個這一類型的男人，他先用花言巧語將情婦騙上手，接著就開始不留餘力地說服她需對自己堅貞忠誠。

綜覽以上這些特徵後，可以觀察到，這些人偏好有夫之婦和放蕩的女子，得以釋放他們的嫉妒，他們自命忠誠，還幻想著去拯救自己的情婦，但往往卻是孽緣不斷。這些人為什麼會變成這樣，這絕非一個簡單的原因所能夠概括的。為了要找出答案，我們必須這些對研究對象的生活史作深入的精神分析。

和常人的戀愛生活一般，這類男子特殊的對象選擇和情感糾葛，也可以追溯到幼兒期對母親的依戀。可以說，他們的這些行為便是擺脫戀母情結的方法之一。

即便在正常的情感關係裡，一個男子選擇的愛戀對象時常也會有其母親的影子。而許多年輕人偏愛成熟女子，便是一個

最好例證，只不過他們很快就能把原慾從母親身上轉移開。而這類男子進入青春期後，其原慾仍然停留在母親身上，他們爾後選擇的愛戀對象便都有母親的特徵，甚至輕易就能被看作是母親的替身。

我們或許可拿新生兒頭骨的形狀問題做比方：若生產過程不順，孩子的頭骨就會呈現出母親骨盆的形狀。

接下來，我們要檢視這類人的一些性格特徵，如他們的愛情條件和戀愛行為，的確可能與他們的戀母情結有關。

最容易解釋的大概就是第一點特徵，即其戀愛對象必須已經身有所屬，也就是說，「受傷的第三者」是必不可少的。同時我們可以觀察到，自孩童有意識起，母親就是屬於父親的，而「受傷的第三者」其實就是父親的化身。

如此也就不難解釋，這些人把情人視若珍寶，對其忠心忠誠，乃因為每個人都只有一個母親，孩子與母親之間血濃於水的親情，是怎麼也割斷不了的。

再了解這些人的愛戀對象都是母親的替代，那麼他們一再

更換情人的行為，與母親的唯一性矛盾，其實也就較好理解。

透過其他案例的精神分析研究，我們更瞭解到：那些在潛意識中被認定為不可替代的東西，會被人們在現實中一再地追尋，這是因為替代終究是替代，不可能與他們所期望得到的東西完全吻合。

孩童們到一定年齡後，總是喜歡問問題，他們想問的問題永遠都只有一個，可是卻始終找不到合適的話語來表述。有些精神受過創傷的患者時常喋喋不休，其實他們是想說出心中的鬱積鬱悶，但也沒有清楚的表述。這些現象，都可以用上述理論去套用解釋。

相較之下，第二個條件，即所選對象的放蕩性格就不太適用戀母情結去解釋。在一個神志清醒的成人眼中，母親當是一個不容侵犯的聖人，也是純潔的化身。

如果有人懷疑自己母親的品德，那必是莫大的侮辱；如果自己的內心也產生了這種疑問，那這個人肯定要飽受煎熬。但也正是「母親」和「蕩婦」之間的對比落差，促使我們研究這

兩種情結的發展歷程，和兩者在潛意識中的聯繫，因為我們以往就發現，在意識中並不一致的兩個事物，在潛意識卻可能會合為一體。

隨著研究的深入，我們將目光聚焦到青春期之前。也是從這時起，少年們開始對成人間的性關係才有了較完整的概念。自那些帶有挑逗傾向的情色用語中，孩童開始窺見性生活的秘密，而成人也因其性行為的暴露，權威形象毀於一旦。

這件事對孩子的心靈可能會產生極大的衝擊，也直接導致他們與父母之間關係的轉變。孩子們在聽到那些粗俗不堪的話後，往往會如此反駁：你們的父母和其他人可能會這樣，但我的父母不可能。

而就在性啟蒙萌芽的同時，男孩們也將會了解到有些女人依靠性交易謀生，也因此被視為可恥。自然，他們對此並不全然了解，一旦他們明白在這些女人的幫助下，他們也能享有性生活，並由此邁進成人世界，他們的心情大概既期待渴望又擔心害怕。

　　直到他們發現性行為雖然醜陋，而自己的父母也難免如此，他們就會有其道理地對自己說：母親和蕩婦兩者的區別或許沒有那麼大，某些行為其實基本一樣。

　　而自己這番省思，又會重新喚醒他們兒時的記憶和願望，心裡波瀾再起。於是在新認識的作用下，他們重新又開始渴望母親，而將父親當作自己的情敵，對他百般憎恨，再度陷入「伊底帕斯情結」（Ödipuskomplex）之中。

　　他們渴求母親，而母親卻將允許與她自己發生性行為的特權給予父親而非自己，這被他們視作是一種不忠的行為。一旦這種情感得不到適時的宣洩，他們就只得編織幻想並沉溺於其中。

　　幻想情節錯綜複雜，但這種幻想大致圍繞著與母親發生性行為而起，爾後也往往以自慰作結。在戀母情結和仇父情結的雙重作用下，母親不忠的畫面時常在他們的幻想裡出現，幻想中母親出軌的對象往往有著男孩自己的影子，或者更準確地說，就是他們理想中那個長大後能與父親一較高下的自己。

在其他場合，我曾提到過「家庭浪漫史」（Familien Roman）這個概念，這大抵就是這一時期男孩們豐富的幻想和他們自我認可的想法交織在一起的結果。

在了解這段精神發展歷程後，我們也就能夠理解，這類男性對性情放蕩的女人青睞有加，實是其戀母情結在作怪。而我們所研究的這類男性的情感生活，與其青少年時期的心理發展十分密切。他們過分專注青春期的幻想，而在潛意識悄悄運行，這一切都體現在其日後的現實生活中。而青春期過度的自慰行為，也促使這種幻想進一步固化。

於是幻想主導這些人真實的情感生活，相比前所提到的「拯救愛人的衝動」，則顯得隨意且膚淺，也容易解釋。於是在這些人的眼裡，愛人自甘墮落，面臨著道德淪喪的危機，因此他們有必要保護她們，監控好她們的美德，改變她們的惡習。

透過對隱蔽性記憶（Deckerinnerung）、幻想和夢境的研究，我們能觀察到，正是我們的潛意識將一切恰當「合理化」，其原理與夢境研究的「二次加工」（sekundäre

Bearbeitung）作用類似。

事實上，「拯救」這一主題其來有自，其淵源和意義其實也是戀母情結或是雙親情結（Elternkomplex）的產物。當一個孩童聽說，自己的生命是雙親賜予的，而母親懷胎將他帶到了人世，在他好強且渴望獨立的心裡，就會出現一個念頭：用一個等值的禮物來報答父母的恩情。

這就好比一個倔強的男孩會說的話：我不要父親任何的給予，他給我的，我都會如一奉還。他們幻想有朝一日能救父親一命，這樣他們就算是跟父親互不相欠。這種幻想也會在一些如皇帝、國王和其他大人物的身上，以此種扭曲的形態刻劃在人們的意識裡，這些也成了許多作家創作的原型和素材。

而實際的操作過程中，對於父親的感恩總是停留在救其一命的幻想之中，而對於母親的感恩，男孩幻想的情感則要細膩許多。

母親將自己帶到了人世，要回報生育的恩情並不容易。但潛意識最擅長的事情就是變換意義（其實在意識中，不同概念

的混淆也是常有的），拯救母親，完全也能透過如此方式來實現：幫她生一個跟自己差不多的孩子。

相比最初的救人一命，這一意義的變換其實不大，情況也合情合理。母親賜予我們生命，我就送還她一個跟自己相似的孩子作為回報，以示自己的感恩之情，一命換一命，這大概也說得過去吧！

在這一類的救贖幻想中，孩子們完全將自己想像成自己的父親。所有那些溫柔、感激、渴望、倔強、專橫的情感需求，在自己做自己父親這件事情上得到了滿足。在這種意義的變換中，大多數的意義都保存的相當完好，甚至連危機感也一直存在著。

對於人類而言，出生本身就暗藏著危險，是母親的努力不懈讓我們存活下來。在我們出生的過程中，遭遇了人生的第一場危機，在此之後的危機都與這次大同小異，而這也成為日後我們生命旅途中的恐懼之源，或多或少給我們的心靈留下了憂慮。

蘇格蘭民間傳說裡的麥克達夫不是由母親生育出來的，而是自己從母親的身軀裡破膛而出，因此他並不知恐懼為何物。

古代的釋夢家阿特米多魯斯（Artemidoros）說得沒錯：夢的意義因做夢者的不同而改變。因此男性和女性的潛意識中，報答救命之恩的做法也並不相同。在男性方面，是讓母親生一個孩子；在女性方面，則是自己懷一個孩子。

而夢境和想像中拯救行為的不同意義，若跟水聯繫在一起，就更加容易理解。

如果一個男人在夢裡從水中救了一個女人，他會使她成為母親。從上文中我們可以發現，這其實意味著他把她當作是自己的母親了；反之如果一個女人從水裡救了一個其他人，她就會自願做孩子的母親，一如摩西神話中的公主一樣。

個別情況下，有時對父親的救贖也可能溫柔非常，這主要表現為想把父親當作自己的孩子，或是說想要有一個與自己父親一樣的孩子。由於救贖母親與雙親情結之間有著千萬的聯繫，因此對情人的救贖也成為這類愛戀關係中不可或缺的一個

特徵。

　　我不想著太多筆墨為我的研究方法辯護，如同我提出肛門
性慾（Analerotik）時一般，我總是習慣在觀察所得的材料中，
挑出那些特點鮮明的個案加以研究。許多人可能只符合一兩個
上述特徵，或是其特徵不甚明顯，只有對他們進行全方位的分
析，才能判定他們是否屬於這類男性。

# *2*

## 性無能：情慾生活中的墮落傾向

### 1. 降格行為

如果問一個精神分析師，什麼是除了各種恐懼症外最常見的病症？他的回答會是心理性陽痿（psychischerImpotenz）。

大多是那些性慾極端旺盛的男子才會被這類病症所折磨，，他們的性器官在性過程會突然「拒絕合作」，儘管它們在性行為前後都被能證明其功能健全，且這些男子心中，的確都有想大展身手的慾望。

且他們也知曉自己的狀況，他們發現只有與特定的對象性交才會出現障礙，和其他人則不會。他們明白是性對象的某些特質使他們變作性無能，有時他們還能夠感受到來自內部的阻力，彷彿有阻力妨礙意志的執行，但卻說不清楚這股阻力到底

為何，也說不清到底是性對象何種特質引發此狀況。

若一再經歷這種狀況，他們也就難免猜測，認為是第一次失敗經歷干擾自己，越是害怕情況越是　再上演。但第一次究竟為何失敗，他們已想不起來了，只能將其解釋為意外。

不少人從精神分析的角度來研究心理性陽痿[1]，每個人都能說上一番道理，也能從各自的行醫經歷中找出佐證，可以確定的是，心理性陽痿是某種特定心理情結所造成的結果，但患者本身對此並不知情。

就其致病原因而言，大抵還是與患者亂倫的慾望有關。患者若總是幻想著與自己的母親和姊妹性交，這種幻想就很難被其他逾越。此外，也或許是某次失敗的教訓使患者聯想起兒時的性經歷，也可能使他在女性性對象面前陽痿。

若是我們深入精神分析那些嚴重心理性陽痿的案例，就會對患者的性心理過程有更多了解。不出意料的是，患者之所以備受折磨，仍是因為原慾在發展過程中受到阻礙，因而沒能達到正常的狀態，這很可能也是所有精神障礙的發病之源。

1. 施泰納（M.Steiner）：《男性的功能性陽痿及其治療》，1907年。費倫斯（Ferenczi）：《對心理性陽痿的分析和治療》，1908年。

　　正常的情慾行為有賴於兩類情感的結合，我們將這兩種情感稱作真情（die zärtliche Strömung）和肉慾（die sinnliche Strömung）。在這類心理性陽痿的病例中，這兩類情感從未合流。

　　在這兩類情感中，真情出現的較早。它出現在孩童的幼兒初期，其對象主要為家庭成員和孩子的監護人，體現孩子對自我保護的需要。

　　真情本身就有性衝動和性趣味的成分在，這在孩提時期已經顯現，在精神病患身上更是容易觀察到。這種真情，也是孩童早期對象選擇的一種表現。我們發現，性衝動第一次在選擇對象時，總會根據本能的判斷，一如最初性滿足總是藉著以自保為目的的功能來完成一樣。

　　父母和監護人總是對真情裡的情慾成分不加遮掩，甚至直言不諱認為「小孩是一個玩具」，這也無形提升孩童本能裡色情的成分；如果再加上一些外部因素，在孩童的發育後期，性愛就會成了無可避免的話題。

真情貫穿孩童的幼兒期，越來越多的情慾成分也漸次融入，但在此時期還沒有跟性目標聯繫起來。但一旦進入青春期後，強大的肉慾便開始出現，其目標也變得明確非常。肉慾會重蹈覆轍，並對幼兒期的性對象傾注更多的力比多，但由於亂倫禁忌的存在，他們會發現早期的性對象其實並不適合自己。

　　為此，他們便轉而尋找其他對象，得以享有真正的性生活。新的性對象雖是陌生人，但依然具有幼兒期性對象（潛意識中的印象）的影子，隨著時間推移，幼兒期投注在母親或姊妹身上的百般愛意，皆會被轉移到她們身上。

　　依《聖經》中的約定，男人終有一天要離開父母，去追尋自己的女子，並和她在真情和肉慾上做一結合。情慾到了一個標準，男人便會為自己的另一半深深著迷、神魂顛倒（男人天生就會對性對象有著過高的評價）。

　　若說在原慾發展過程裡，有什麼能出差錯的地方，不外乎以下兩點：首先，選擇新對象的過程並非一帆風順，新的對象或許沒有那麼大的吸引力，而若一個人無從選擇或是可選範圍不大，便難免會遭受失敗；其次，在長大後本該遭到遺棄的

兒時性對象仍然吸引力甚大，因此有些人仍陷入兒時的性吸引中，無法自拔。

如果以上兩個因素強大到一個地步，一個人就很可能為精神病所擾。力比多脫離現實，沉醉在幻想中，這在心理學上被稱作內傾性（Introversion）。在這個內傾性的過程中，首批性對象所帶來的印象會越來越強，使人過度著迷其中，但迫於亂倫禁忌，對這些性對象的力比多只能在潛意識中潛伏。如果自慰行為能使得這股潛伏的肉慾得到滿足，則亂倫的原慾就會被隱藏在更深的地方。

即便這一切都僅在幻想裡進行，實際上什麼都沒有發生，事件本質也沒有變化。且即使新的性對象在幻想中取代最初的性對象，潛意識中自慰的對象也不會發生變化。這種代換最多在幻想中被意識所接受，但力比多的原慾仍然隱身於潛意識中。

因此，年輕人的肉慾，極可能與他們潛意識中的亂倫對象，或說是他們潛意識中的亂倫幻想連結一起。這很大機率會導致徹底的性無能，且若他的性器官恰好也較虛弱，情況便會越加嚴重。

而心理性陽痿的形成則相對容易，肉慾的力量過於強大，不可能完全隱身於真情之後，它們一直找機會在現實生活中大展身手。

　　且心理性陽痿患者的性行為特徵鮮明，因為由於欠缺強大的心理驅動力，性愛中的他們往往情緒無常，易受干擾，很難真正享受性生活的樂趣。他們的肉慾與真情互相背離，這便會對他們的對象選擇造成限制。高亢的肉慾僅會尋找那些沒有亂倫之嫌的人作為發洩，然而一旦他們在心裡對一個人甚為敬愛，那個人便不會激起他們的肉慾，只會引發他們的溫柔與關愛，與性無關。這類人的情慾生活分成兩個極端，在藝術上，這被生動稱作天國之愛和凡塵之愛（動物之愛）。

　　當他們愛上一個人，就不會對其產生邪念；對一個人有所淫慾，就不會對他動真情。他們理想的性對象，是那些既不必投入太多的情感，又能將他們的肉慾自最初性對象身上轉移開來的人。

　　然而越是逃避或壓抑某些事物，反而會物極必反。本應幫助他們避免亂倫的意中人身上，往往也隱藏著某些最初性對象

的特徵，這令他們一蹶不振，使之在心理上徹底陽痿。

要防止這種極端情況出現，就必須在心理上壓低性對象的地位，因為這些人往往對自己的性對象高估很多，甚至將他們放到足以與自己亂倫的對象及其替代等相同的位置。因此只要做到壓低性對象的地位，肉慾也就不再桎梏，能夠轉化為性成果，帶給人快感。

此外，真情和肉慾無法結合的人，往往其正常的性生活也並非美滿。為此，有些人選擇反常的性對象，但本身這也很矛盾。如果這種性需求得不到滿足，那患者就無法盡興，一旦盡興，那他們的性對象便只會是地位卑微的人。

明白此點，我們也就了解男孩們在幻想裡將母親貶為蕩婦的動機所在。在他們的腦海裡，他們想要借助此種方式修補情慾生活中真情和肉慾之間的裂痕，好讓降格後的母親也成為他們發洩肉慾的對象。

## 2. 真情和肉慾

以上這段文字，是我們站在心理醫師的角度，研究了心理

性陽痿這一現象,雖然似乎與我們這篇文章的標題關係不大。但隨著深入研究,我們發現:對於整個我們要討論的話題而言,這段文字是何其必要。

依著上文的論述,結合真情和肉慾的情慾生活不會導致心理性陽痿,而對最初性對象的執著、亂倫禁忌及青春期的失敗性經驗,才會加重此種性功能障礙的可能。但這種看法卻有破綻:此種觀點太絕對,即便它闡釋何以有些人會患上心理性陽痿,卻沒能說清楚其他人為何以倖免不受干擾。

上述所提到對最初性對象的執著、亂倫禁忌以及青春期後失敗的性經歷,在每個人身上都可能發生,也因此,心埋性陽痿或許更像一種普遍的存在,而非少數人的病症。

因此不難推敲,心理性陽痿屬於量變而非質變,只有致病因素累積到一定程度,才會顯現病症。我原則上同意這種觀點,但我認為,心理性陽痿的普遍程度超乎想像,從某種意義而言,它實是文明人群情慾生活的典型特徵。

如果我們將心理性陽痿定義得更寬泛,除去那些性目標明

確、性器官功能正常，但在性交過程中難以抬頭的人之外，那些能完成性交過程，但卻體會不到任何樂趣的「精神麻醉者」，也能算作是心理性陽痿患者。

事實上，這類「精神麻醉者」還更為常見，且對這類案例的精神分析研究，其導致的原因與狹義的心理性陽痿一模一樣，但何以兩者的症狀會也不同，目前仍未有令人信服的解釋。輕易的，人們會將這些眾多數量的精神麻醉的男人與那些同樣不在少數的性冷淡女人相比，她們的情慾世界同樣也是個謎團，其紊亂複雜程度和心理性陽痿的男人也不分上下。[2]

如果我們不滿足僅只擴大心理性陽痿的定義，還要更進一步將其隱性的症狀一併挖掘，那我們將會發現，在今天這個文明世界裡，男性情慾行為的本質上便也是一種心理性陽痿。

僅有極少數受過文化教育的人，其真情和肉慾的結合能得以實現。在大多數男性而言，在性行為中如果面對的是一個他所尊崇的女子，拘謹緊張就在所難免；相反，只有在低微的性對象面前，他們才能大振雄風。

2. 女性性冷淡亦是一個十分複雜的問題，需從另一個方面入手。

當然影響狀況的因素也很多，也可能是這些人的性目標包含一些變態成分，但他們不敢在他們所敬愛的女子身上，做出嘗試。唯有當他們能夠全身心無顧忌的投入到性愛中時，他們才能在性慾上得到滿足，但在端莊的女子身上，他們絕對不敢這樣做。

　　因此，他們禁不住尋找在道義上相對低級的性對象，這些女人對他所知甚少，也無法對他說長道短，這讓他們安心且更願意把自己的釋放性能量在這類女子身上，儘管他們的真愛是某個更為高貴的女子。

　　我們時常會發現，一些上層社會的男子往往會收一個出身較卑微的女子作為情婦，甚至娶她為妻。這大概亦是對性對象的征服慾作祟的結果，其目的是為了獲得完全的性滿足。我敢斷言，導致現實生活中心理性陽痿的兩大因素，即是兒時亂倫慾望和青少年時期的失敗性經歷等難以擺脫的事件，同時也是造成當代男子在情慾生活中做出上述行徑的主因。

　　這種說法雖然聽來牽強，但我得提出：要盡情享受性愛的樂趣，就必須克制對女性的崇拜、避免與母親和姊妹亂倫的念

頭。若對這個問題進行反省，就可以觀察到人們心目中的性行為往往被視為低賤，而這也並非因為它玷污了我們的身體如此簡單。

許多人不願意承認此點，但問題的核心還得從青少年時期去挖掘，一個人在青少年時期的肉慾已經十分旺盛，但在最早的亂倫對象抑或新的性對象身上，都找不到發洩性慾的管道。

同時，女性也生活在同樣的陰影中，甚至還承受男性行為舉止的壓力。男人要麼在戀情之初視她們為女神，但佔有她們之後，卻反而看低她們；要麼在她們面前一蹶不振，無法發揮自己全部的性能力，無論是前者還是後者，對她們都並非好事。

我們很少能觀察到，女人打壓其性對象的需求，因為她們不像男人一樣會高估自己的性對象。然而，長期與性隔絕，使得她們的肉慾一直停留在幻想之中，同時也讓她們始終無法擺脫禁慾念頭的束縛。即使在性行為被允許之後，往往也會患上心理性性無能（即性冷淡）。

因此即使在合法成婚後，許多女人在一段時間內仍然會對性行為感到拘束；而另一些女人只有在偷情中才能獲得快感，因為禁忌之愛的條件重新得到了滿足。她們不忠於自己的丈夫，卻能對自己的情人忠貞不貳。在我而言，女性的禁忌之愛，無異於在本質上與男性貶低性對象的需求。

出於文化發展的考慮，我們的教育在性成熟和性實踐兩者間設置了很長的一段空窗期，從而造就上述的後果。無論男性女性，都試圖擺脫這種真情和肉慾無法合而為一所造成的心理性性無能，但結果卻截然不同。

女性之所以能夠如此，與兩性間的另一項行為差異或許有關。在空窗期，受過文化教育的女性們傾向於安分守己，並恪守性行為的底線，從而在內心中將禁忌和性愛混為一體。男性則總會透過降格自己的性對象來打破禁忌，從而也將此特徵帶入了爾後的性生活裡。

現今的社會，在性改革的議題上展開激烈討論。在此，我們有必要指出，精神分析研究與其他科學研究一樣，沒有任何的偏頗。它為的是挖掘現象背後的深層緣由，並分析兩者間的關聯。

如果它能夠在性改革上助其一臂之力，以有益做法取代錯誤做法，那自然是再好不過。不過改進後的做法，會不會適得其反，帶來更深的傷害，卻很難事先預知。

## 3. 情慾束縛的意義

文化約束了情慾生活，導致性對象普遍降格，這使我們不由得更關注在性衝動上。一開始的禁慾行為使人們在婚後無法徹底達到性滿足，不過若從一開始起就不限制任何性行為，結果也不會變得比較完美。

假使性慾很容易滿足，性愛的精神價值很快就會隨之下降。要使原慾達到高潮，必須刻意為它設置阻礙，因此當自然條件不再阻礙性生活時，各個時期的人們便會製造規約，對性行為做出一定限制，從而在爾後徹底地享受愛情。無論是對於個體還是整個種族而言，這一點都十分重要。

當古代文明幾近瓦解時，愛慾便可以任意得到釋放，價值隨之下降。而一旦愛情失去價值，生活也會變得空洞，這時必需要有一股相反的力量，將愛慾再度重新束縛。

就此面向來看，基督教對於禁慾方面的束縛確實提升愛情的精神價值，這是以往其他宗教所無法企及的。特別是在那些終身都與原慾誘惑作戰的僧侶們，禁慾的意義就此達到了頂峰。

我們能輕易發現，這種矛盾的狀態其實便是我們機體本能的普遍特徵。一般而言，挫折度的提高會逐漸增加本能的精神意義。如果我們讓一群形形色色的人忍受同樣的饑餓，隨著進食需求的增加，他們的個別差異會變得越來越模糊，取代這些差異的，則是飢不擇食的本能進食需求。

但這是不是說明若是合滿足本能的需求後，它的精神地位就會急速下降？

我們試著想像酒鬼和酒之間的關係，在詩歌研究中，酒鬼從酒那獲得滿足，人們也將它與性滿足做一對比，這從科學的角度來看，也有其道理。然而可曾聽說過有哪個酒鬼膩了同一種酒的味道？必須靠不斷更換酒的種類才能保持新鮮感？事實卻與之相反，習慣使得酒鬼與他所喝的某種酒越來越親密。另外，可曾聽說過哪個酒鬼需要跑到一個酒價更貴或是禁止飲酒

的地方，藉著這些人為的障礙，來找回自日漸消滅的滿足感？
當然沒有。

如果我們聽過一些著名的酒鬼，如伯克林斯（B.Böcklins）
等人的自白[3]，就可以知道他們與酒之間的關係相當融洽，彷
如一段美滿的婚姻。那何以男人和自己的性對象之間就做不到
這點呢？

雖然有些荒唐，但我認為有必要考慮這樣的可能性，即性
衝動徹底得到滿足並非是件好事。在性衝動的形成過程裡，有
兩個狀況最是重要關鍵：

第一，受到二次對象選擇和亂倫禁忌的影響，性衝動的最
終對象一定不是原來的對象，而只是一個替身。精神分析學說
已然證實，若慾望的最初對象遭到精神力量或亂倫禁忌排擠，
會有無窮無盡的替代對象來取代它，但其中的任何對象其實都
無法令人滿意。這或許能夠解釋成人在情慾生活裡為何頻繁的
更換性對象，呈現一種「性饑渴」的樣貌。

第二，性衝動由多種成分聚集，也會被分解成各種成分。

3 . 參見 G . 佛 洛 克 （ G .
Floerke）：《與伯克林斯的
十年》，第二版，1902年，
第16頁。

但並不是一切的成分都能在最後得到發展，有些成分用作他處，或被事先壓制。好比本能中的食糞成分，尤其不能被接受於我們的美學文化，這大概也與人直立行走後嗅覺器官遠離地面有關；因此，情慾生活裡，那些過度施虐成分也必須被拋棄。

但性衝動的結構複雜非常，以上這些變動都只是觸及表象，內部激發性衝動的實質因素並沒有發生變化。性和排泄始終關係密切，性器官的位置介於尿道和肛門之間，便是最好的印證。套用拿破崙的話：「身體結構決定命運」，我們的身體朝著符合美學標準的方向邁步，但性器官卻缺席這一過程，依舊保持其獸性。

性衝動很難被控制住，一旦對性衝動加以控制往往是適得其反、物極必反，在這方面，控制性衝動的成就，總是讓一部分性衝動被人為擱置，以喪失一部分樂趣為代價，使得性行為每每存有相當的遺憾。

於是我們由此可得出結論：在文化的束縛下，性衝動難以得到徹底的滿足；而由於文化的發展，人類不免要承受一些困

難和苦難，在未來甚至面臨滅種的危機。

當然，這種悲觀預言是基於以下猜測：在文化的壓力之下，性衝動無法正常釋放，從而必定導致各種不滿。但換言之，也正是在各種束縛下，性衝動無法徹底滿足，卻成全了人類最偉大的文化成就。

因借助昇華作用，性衝動的成分不斷發生轉化，成了推進文明的動力。如果性衝動完全得到滿足，這些性動力又怎麼能用作他處？若真如此，他們肯定陷於性交的樂趣中無法自拔，文明的進步也就止步不前。

因此，人類的兩大本能，即性本能和自保本能之間兩相不平衡的差異，驅使我們的文明不斷前進。當然，它的代價就是人類中的弱者，得不斷面臨著患上精神病的可能。

科學既非危言聳聽，也非自圓其說，然而我很願意在此承認，要得出以上如此寬廣的結論，需要更為廣泛的研究基礎。而我在此討論的，是一個相對孤立無援的議題。也期望人類在其他領域的進步，可以更好的彌補文化在性上的所引起的傷害與不足。

# 3

## 處女謎思：一種禁忌

　　追溯原始人類的性生活，他們對於處女，即女性童貞的態度，大概是最讓我們震撼的事情之一。

　　今時今日，男性關心自己所追求的女子是不是處女，似乎是理所當然的事。這一觀念已深入人心，若有人提出何以關心此事的疑問，反而會令人不知所措。

　　我們文明社會要求女子在進入婚姻以前，不得有與丈夫以外的其他男子發生性行為的經驗，這種作法是為了保證男性對自己妻子排他性的佔有，並使他們得以壟斷妻子的過去，這正是傳統一夫一妻制的實質。

　　也因為女性的情感生活如此受關注，難免容易造成一些預設立場。環境和教育的影響，使得少女長期壓抑內心的慾望，

並為她們的情慾設置重重障礙。第一個幫助她們擺脫障礙，讓她們得到性滿足的人，對她們而言有著持續的吸引力，無法被其他人所取代。這段經歷也使得女性產生某種歸屬感，使得她們心甘情願被男人佔有，也幫助她們抵擋來自外界新事物和陌生的誘惑。

1892年，馮・克拉夫特-艾賓首先提出「性從屬」（Geschlechtliche Hörigkeit）這一概念[4]，用來形容在一個人與另一個人發生性關係後，對其產生強烈的依賴和順從心理的這一現象。這種歸屬感有時十分強烈，導致一個人完全失去自我，甚至承受自我利益的犧牲也在所不惜。

他同時也指出，一定程度的依賴性對性而言十分必要，有助於性關係的維持。事實上，文明婚姻的基礎便由一定程度的性從屬奠定而來，避免其免受多配偶傾向的影響，對於社會人群有十分重要的意義。

馮・克拉夫特-艾賓認為，一個「善感且性格軟弱」的人愛上一個相當自私的人，性從屬就從此萌生。但具體案例分析表明，事情比想像中更加複雜。

4. 馮・克拉夫特-艾賓：《對「性從屬」和受虐傾向的看法》。載於《精神病學年鑑》第10卷，1892年。

我們可以發現，關鍵因素在於完成性行為所要克服的阻力大小。此外，對性行為的專注程度和初夜的獨一無二，皆對性從屬的萌生有著相當大的意義。

也由此可見，性從屬在男性和女性身上出現的程度是不一的，女性往往更容易完全委身他人，但相較古代，男性在今日也更易臣服在石榴裙下。

在研究案例裡，會發現男性性從屬的現象大多是這樣引起的：一個男子在某個特定的女子身上克服了自己的心理性陽痿，爾後就跟定了她。不少曾引起一時轟動的婚姻，甚至有些命運的悲劇，都是由此而起，這樣的案例其實並不算少數。

我們再回到本節的起始：如果我們認為，原始人類並不重視童貞，且把當時的許多女子都在初次婚內性行為前就破了身，作為一種證據來推測，這十分不恰當。反之，對於原始人類來說，破處是一種有著重要意義的行為，而且是一種禁忌，甚至是一種具有宗教性質的禁忌。依據習俗，處女之身不應留給女子的丈夫，丈夫甚至應該刻意回避破處。[5]

5. 見：克勞雷（Crawley）：《神秘的玫瑰——原始婚姻研究》，倫敦，1902年；巴特爾斯/普洛斯（Bartels/Ploß）：《生物學和民族學中的女性》，1891年；佛拉澤（Frazer）：《靈魂的禁忌和危險》；哈夫洛克·艾理士：性心理研究。

　　在此，我無意列舉能夠印証此言的文獻和證據，也無意強調這一現象分佈的廣泛性及其各式各樣的表現樣貌。我只想指出一點：即使在今日，在那些仍生活在世界上但未開化的人群裡，婚前移除處女膜的行為仍是十分普遍。

　　克勞雷在文中如此寫道：原始人類的婚姻儀式有這樣一個環節，即由指定的人刺穿新娘的處女膜，而這個人並非是新郎；這種現象在最低等的文化社會裡十分普遍，尤其在澳大利亞。[6]

　　如果由第一次婚內性交破處是被禁止的，那必須在事前由某個人以某種方式執行。爾後，我還將引用克勞雷書中的幾處言論，並附上我自己的一些看法。

　　第191頁：澳大利亞的迪里人（Dieri）及其一些鄰近部落有著這樣一個風俗，當少女進入青春期後，人們就會摧毀她們的處女膜。而在波特蘭（Portland）和格雷南（Glenelg）這兩個部落裡，通常由年長的女性來完成這一使命，有時人們也會請來白人男子為新娘破處。

6. 參見《神秘的玫瑰——原始婚姻研究》，第347頁。

第307頁：一般而言，人們會在少女進入青春期後刻意摧毀她們的處女膜，這偶爾也會發生在她們的兒童時期……在澳大利亞，人們還常會為此舉辦一次正式的性交行為。

第348頁：〈引自史賓塞（Spencer）和吉倫（Gillen）關於澳大利亞一些以嚴格限制外族通婚聞名的部落之報導〉人們會人為捅破處女膜，那些受命執行的人，要如同出席儀式一般莊重地排成一列，與少女進行性交……整個過程分為兩部分：捅破處女膜和性交。

第349頁：生活在非洲赤道地區附近的馬賽人（Masai）認為執行破處是婚姻前最為重要的準備工作。馬來西亞的薩凱斯人（Sakais）、蘇門答臘島的巴塔斯人（Battas）和西伯里斯島上的阿爾菲斯人（Alfoers）那裡，破處的過程交由新娘的父親完成。在菲律賓，有些男子甚至以為新娘破處為業，若女子在童年沒有被年長婦女執行破處，那就要由他們來代替。在一些愛斯基摩部落中，僧侶或神父的職責之一，便是為新娘破處。

綜觀上述，我的評論和疑問分為兩部分。第一，以上的這些論述並沒有詳細區別無性交破處行為和性交破處行為，這一

點有些遺憾。只有其中一處明確記載破處儀式分為兩個階段，即（用手或器具）捅破處女膜和性交。此外，巴特爾斯・普洛斯收集了豐富的材料，但對精神分析研究也用處不大，乃因他是從解剖學角度出發研究問題，其對破處行為的描述沒有心理學上的意義。

第二，我們大概都想知曉所謂「儀式化性交」與普通的性交之間有什麼區別。在目前這些資料中，作者或是對這一話題羞於紀錄，或是低估這些性交細節的心理學意義，對此大都模糊帶過。

而那些旅行者和傳教士的原始敘述，或許有著更為詳細和具體的記載，但由於這些文獻無從考據，且多來自海外，我也就不敢隨意下定論。或許我們可以認為儀式化的性交其實象徵普通性交，人們在儀式中對早期完整的性交行為進行簡化。[7]如此一來，我第二個疑問便就好解釋得多。

向來人們對於處女的禁忌，有著不同的解釋，以下我將對其大抵做一介紹。一般而言，女子在破處的過程中都會流血，一些原始人類將血液視作生命之源，對血液存有畏懼，便是對

7. 從其他一些婚禮儀式案例來看，除新郎之外的其他人（如新郎的幫手和同伴）是被允許與新娘發生性行為的。

處女禁忌的第一種解釋。

　　而流血的禁忌也存在於性行為之外，與殺傷的禁忌密且相關。人類的祖先曾經十分嗜血、甚至以殺人為樂，後代的人們將流血作為禁忌，就是為了防止此種原始的惡習再臨。如此，處女禁忌似乎也和普遍可見的月經禁忌類似，原始人類對於每月這種神祕的流血現象感到十分不安，他們認為月經，特別是初潮，是被某種幽靈鬼怪撕咬所致，或是女子與這些幽靈發生性行為的標誌，也會有人聲稱，這些幽靈就是某個祖先。於是就產生一個觀點，認為處於月經期的女子為祖先靈魂所有，絕對不容許他人所染指。[8]

　　另一方面，我們也不要過度高估人們對血液的畏懼，畢竟原始人儘管畏懼流血，但就在上述的一些部落裡，依舊存有一些與此相矛盾的風俗。好比人們對青年男子執行割禮，甚至還會殘忍地割除女子的陰蒂和小陰唇。而其他一些流血的儀式，也並沒有因為血液的畏懼而被廢除。因此，有些女子在第一次性交後為滿足丈夫，也不再遵守月經禁忌，這自然也不足為怪。

8. 參見《圖騰與禁忌》，
1913年

　　第二種解釋同樣與性無關，且相較第一種還更是普遍。此種觀點認為，原始人類始終有著一種潛在恐懼，這種恐懼大概與精神分析和精神病理學中的焦慮症患者的症狀類似。所有不同尋常的事件或場合裡，這種恐懼感都會一再出現，新鮮的、出乎意料的、難以理解的，或是陰森恐怖的事情，都會讓人心中生出不安或擔心。

　　一般而言，這些焦慮不安的人所擔心的危險，在一開始時最是強烈。由此，每當人們想嘗試新事物，或是人生進入一新階段時，總會舉行一些儀式，以排遣心中的恐懼。久之，人們覺得有必要在開始的時候尋求自保，於是如新生兒的降臨、家畜繁殖或是穀物豐收，都概是此類。

　　同理，婚姻中的初次性交最具挑戰性，所有人都必須謹慎以對，第一次性交誠然令人畏懼，流血就更加劇了人們的不安。如此一來，舉辦一場儀式就是理所當然的事了。於是流血禁忌和對新生事物的恐懼，這兩種解釋一同來看並不矛盾，兩者還能互為補充。

　　而第三種解釋則認為，處女禁忌應該聯繫性生活的大背景

來理解，這也是克勞雷推崇的。這種觀點認為，不僅與女性的第一次性交是禁忌，與女性性交本身其實就是禁忌，我們甚至可以說：女人都是禁忌。這不僅是因為女人會有月經來潮，要懷孕、分娩、坐月子，即便是在這些時間之外，與女性的性交也會受到許多限制，有時我們甚至要質疑野蠻人的性交自由是否確實存在。

在某些條件下，原始人類的性行為顯然會突破所有束縛，但一般來說，他們的性行為其實比處於更高文明階段的我們受到更多的約束。

男子在做如出行、打獵、作戰等等大事之前，往往要遠離女性，尤其要避免與她們發生性行為，否則他們的精力就會受到影響，不得善終。哪怕是在日常生活裡，也主張男女分居，女人和女人住在一起，男人也和男人居住一塊，在許多部族裡，幾乎不存在我們今天定義上的家庭生活。

當時，男女之間的界限如此分明，即便相互之間都不能稱呼對方的名諱。為此，女人之間的交流都是用特殊的詞彙，甚至可說是用全新的語言。有時候，性需求會打破男女分居的界

線，但在某些部族裡，即便是夫妻也偷跑到室外行其敦倫。

凡是原始人類設置一項禁忌，就表明此項存有他們所害怕的危險。而在一切禁忌背後，實則是男人內心中對女性的恐懼之情，這一點是我們所無法否認的。

也許是因為女性的生理結構與男性有異，她們永遠是一個神秘而陌生的謎團，這不免會讓人覺得她們不懷好意。男人害怕女人會削弱他們的力量，他們也怕被女性同化，繼而喪失己身的既有的能力。

比如性交就是一例，在性交過後的一段時間裡，男人往往會四肢無力、疲乏不堪，這讓他們充分感受到女人的可怕。他們對此越是顧忌重重，內心就越是誠惶誠恐。這一切看似離我們十分遙遠，但其實從未從我們身邊離開。

許多觀察過原始部落的人都認為，這些人們欠缺對愛慾的嚮往和追求，其對情慾生活的渴望度，不可與文化人相比。即便另一些人持相反意見，但以上這些禁忌習俗仍然存在，至少證明一點：人世間確實存在一種與愛相違背的力量，這股力量

讓女人顯得陌生可怕，進而備受忌憚。

克勞雷的觀點和精神分析學說的通行術語幾近相同。他認為，每個人都會在「人身隔離禁忌」（taboo of personal isolation）的作用下與他人保持一定距離，只需細微的差別，就足在天性相同的人之間帶來陌生感和隔閡感。

順著此種說法，我們可以觀察到，人與人之間的敵意其實都源於自己對於細微差別的自戀。每個人對於自己有別於其他人的地方，都會感到驕傲不已，這就使得人們無法彼此相親相愛，也很難做到寬容待人。但在精神分析理論看來，男性之所以自視甚高，進而對女性十分不屑，概是因為幼兒期的「閹割情結」（Kastrationskomplex）作祟，影響他們對女性的判斷。

說到這裡，我們似乎有些離題。然而對女性的廣泛禁忌，並不能歸納出為何人們要對首次的性行為加以種種限制。我們現有的合理推測，仍然停留在之前的兩種畏懼的解釋之上，即對流血的恐懼和對新生事物的恐懼。

不過我們必須承認，這兩種解釋也沒有切中問題要害。顯

然，人們設置處女禁忌，是要為女子未來的丈夫省卻不必要的
擔憂，而這擔憂必然與第一次性行為有關。但此前我們卻說
過，少女會對與之發生初次性行為的男子產生特殊的依賴。

在此，我不再去研究禁忌的來源和真實意義。在《圖騰與
禁忌》一書中，我已對此做過論述，並指出禁忌包含矛盾情感
是必然的，乃因它起源於一些史前的事件，而這些事件則直接
導致家庭的誕生。

但在如今所觀察到的原始人類的禁忌裡，這種原始含義已
不存在。即便是現今最不開化的族群，他們的文化也已和史前
文化遙之甚遠，儘管他們的文明不及我們發達，但若以時間跨
度看，其實他們的發展歷程並不遜色於我們。

如今那些原始族群的禁忌，早已發展成一套高明的系統，
舊的動機逐漸被新的、有利於和諧共處的動機所代換，其複雜
程度堪比精神病患的恐懼症。

若是不考慮起源的因素，我們大致可以推測：原始人類害
怕什麼事物，就為此設置一個禁忌。但總歸而言，危險其實大

部分停留在精神層面上，因為原始人類並不會如我們那般，對危險的類型做嚴格的區分歸類。

他們無法分辨什麼是實質危險，什麼是精神危險，也無法在真實的和虛構的危險中區分彼此。他們的世界觀屬於泛靈論，對他們而言，來自同類的威脅，與來自環境和動物的威脅本質上並沒有差異。此外，他們也時常將自己內心的敵意投射到外在世界，從而對他們不喜歡或陌生的對象表現敵意。因此，女性既然被視作是危險的來源，那和她們初次性交就顯得特別危險了。

我認為，我們只要對當代女性的行為，作一同樣的對比分析，就不難弄明白這種危險到底是什麼，以及它對女子未來丈夫造成威脅的可能。我提出這研究的結論：破處的風險確實存在，原始族群的處女禁忌也確實其來有自，這也幫忙人們抵擋了精神上的危險。

我們一般認為，女性在性交過程中達到高潮後，會緊緊環抱著丈夫，以示感恩，且這同時也是一種貢獻身體給丈夫的表現。但我們也明白，上述過程難以在初夜發生，大多數女性都

會對初夜備感失望，因為她們的身體進入不到火熱的狀態，更無法得到滿足。只有在摸索一段時間後，女性才能體會到性愛的樂趣。

然而，有些女性始終處於性冷淡的狀態，即便自己的丈夫如何充滿愛意，都無法改變此種狀況。也因我們對於女性這類性冷淡還沒有足夠的認識，如果她們的性冷淡並非起於丈夫的性能力不足，那我們勢必對其加以研究，從類似的現象中尋找原因。

許多女性會習慣性逃避初次性交，這個行為其實很難解讀，通常可以看作是女性自身防禦機制的條件反射。反之，我認為有些病理學案例，可以幫助我們揭開女性性冷淡的謎底。有些女性在首次性交後，開始對自己的丈夫產生敵意，她們大罵丈夫，在他們面前蠻橫無狀，甚至有人還動起手來。

我曾遇過一個典型的案例，並對它進行詳細分析：實際上，這位女性深愛自己的丈夫，不但主動要求與其性交，也從對方身上獲得難以言喻的快感。

在我看來，使事件前後反差甚大的原因，恰好來自女性的性冷淡。它使女性的愛意與溫柔消失殆盡，但當事人也難以捉摸自己的行為。而在上述案例中，導致女性性冷淡的因素卻一分為二，走向了兩個極端，其作用機制與我們所熟悉的強迫症患者的「雙階段症狀」（Zweizeitige Symptome）相似。既然將女性破身，會有招致其仇恨的危險，那麼身為一個女子未來的丈夫，完全有理由避免破處的危險。

　　透過分析，我們輕易釐清是哪些衝動導致女性行為上的矛盾，我希望這也能用來解釋女性性冷淡的原因。初次性交在女性體內啟動了一系列這樣的衝動，它們並非是正常女性需要的，有一些在隨後的性交過程中也不會再重複出現。在這裡，人們首先想到的可能是在破處的過程中所要承受的痛楚。有些人認為這就是其中的關鍵因素，但事實上，我們不能將矛盾行為完全歸咎於初夜的痛苦。

　　處女膜破裂的同時，也對女性的自戀人格形成創傷，失去童貞後的哀怨之情就是具體的表現。然而，原始族群的婚禮習俗已告訴我們不要過於高估童貞的價值。在上文提及過，有些地方的婚禮儀式由兩部分組成：先是（用手或工具）摧毀處女

膜，再是正式性交或簡易性交，且性交的對象並非丈夫本人，而是他的替身。

由此看來，處女禁忌的意義，絕不只在避免解剖學意義上破處行為的發生。丈夫所要回避的，不只是破處帶給妻子的傷害，還有一些別的事物。

在文明世界中的女性，時常對初夜失望非常，因為現實和她們的想像中的存有相當的差距。

性交行為在過去是被嚴厲禁止的，因此即便性交終於合法、成為被允許的行為，她們依舊無法敞開心胸。許多新娘在他人面前對自己新的情感生活完全不想提及，甚至對父母也不願意吐露半字，這是人之常情，更是是性壓抑對女性造成重重束縛的表現。

對女子們而言，若其他人知曉這些，那愛情幾乎就失去意義了。甚至，這種情感若過於強烈，還會影響婚姻內的愛慾。唯有在不被允許的秘密關係中，這類女子才能重新找回她們的溫柔愛意，形成堅定的意志。

當然，此種看法還不夠深入，畢竟這是建立在以文化對女性造成性壓抑為前提的觀點，故在原始人類身上並不適用。更重要的原因，可能是爾後將要談到的原慾發展史。

　　透過之前的分析，我們了解原慾對初次性對象有著強烈的依賴，這些性對象大多起源於幼兒期的性願望。對於女性而言，她們的原慾大多聚焦在自己的父親或是兄長身上。這並非指她們一定想與父兄性交，即便如此，這個願望也是相當模糊。

　　由此，丈夫將永遠不是一個女子的意中人。在女性來看，父親才是最理想的愛人，丈夫只是替身，頂多也只能位列第二。若這種原慾的聚焦非常強烈，童年的性願望始終存在，那她們就無法從作為替身的丈夫身上得到滿足，自然更不甘委身於他。

　　因此，造成性冷淡的因素，其實跟精神病雷同。在一個女子的性生活裡，若心理因素越強，其原慾對初次性行為後產生的反抗也會越強，她的身體也就越難被丈夫所征服。可以說，性冷淡也是一種精神障礙，或者至少可以算是引發其他精神病

症狀的先備狀態，且若恰好男性的性能力稍嫌不足，便會使得情況更為惡化。

如此，早期性願望的影響，似乎能夠解釋原始族群的種種風俗習慣。破處這項工作總是由長者、神父、聖人或是父親的替代者來執行，中世紀一些莊園主擁有備受爭議的「初夜權」，在我看來便是這類風俗的延續。A.J.施多夫（A.J.Storfer）[9] 認為，在許多部族廣泛存有的「托白亞之夜」（Tobiasehe，指在婚後頭三個晚上節慾的風俗）現象，就是承認祖先對新娘佔有特權的表現。而在此之前，榮格[10] 也提過類似的看法。

因此，若能在被賦予破處職責的，那些父親的替代者身上找到神像的身影，如此以上這些觀點也就得到印證。在印度的某些地區，新娘的處女膜是由木質的男性生殖器像所戳破的。而根據聖奧古斯丁（heiliger Augustinus）的說法，在古羅馬婚禮儀式中也有類似的風俗，不過在這年輕女子是被要求坐在普里阿普斯（Priapus，希臘生殖之神，他以擁有一個巨大、永久勃起的陽具而聞名）石像的陽具上。[11]

9. 參見《父的特殊心理地位》，1911年。

10. 參見《父親對於個體命運的意義》，載《精神分析年鑑》第一卷，1909年。

11. 參見巴特爾斯／普洛斯：《女性》；杜勞爾（Dulaure）：《生殖之神》，1885年。

此外，另一個動機也在更深層次上，影響女性對男性的矛盾心理，在我看來，這也是導致女性性冷淡的主要原因。在第一次性交過程中，除上述的這些衝動外，女性還有一些潛藏已久的情感也被重新喚起，但它們與女性的角色和功能扞格不入。

透過分析許多患有精神病的女性案例，發現女性在早年都曾經歷過一個心理階段：她們羨慕自己兄弟的男性特徵，反觀自己沒有陽具，覺得低人一等（其實女性的陽具只是退化，並非沒有）。我們將女性的這種「陽具崇拜」（Penisneid）歸為「閹割情結」的具化表現之一。若說「男子氣概」也涵蓋了「想要成為男人」的含義，那麼用「男人般的抗議」一詞來形容上述行為就再也恰當不過。阿爾弗雷德‧阿德勒（Alfred Adler）首創了這個詞彙，並稱其就是精神病的癥結所在。而在這個階段，女孩們出於嫉妒，往往會對自己的兄弟表現出敵意，也會試著像自己的兄弟一樣站立小便，藉此實現兩性平等。

前面我們提及，有個女子在性交後對自己的丈夫動手，由此例我可斷定，陽具崇拜是出現在對象選擇期之前。乃因在那

之後，小女孩的原慾轉移到了父親身上，她們不再想長出陽具，而開始想生一個孩子。

在另一些案例，如果這兩種衝動出現的順序發生改變，比如閹割情結在對象選擇期之後才出現，我也不覺得奇怪。但通常而言，女性羨慕擁有陽具的雄性期會稍早出現一些，同樣它和對象選擇期相比，跟自戀期的關係也更親近。

前一段時間，我偶然接觸到一個新娘的夢境敘述，這個夢關乎她對失身一事的反應。而夢境顯露了這位女士的真實願望：她想閹割掉自己年輕的丈夫，並把他的陽具永遠留在自己體內。

當然，對這個夢的解析也可以輕描淡寫，我也可以將其解析成是幼兒期慾望的重複與延續，但夢境裡的一些細節超越這個範疇，夢中人的性格特點和她之後的行為，便印驗了最苛刻的言論。

女性對男性的敵視和怨念，往往隱藏在陽具崇拜的背後，這也是兩性關係裡恆久的主題之一，許多女權主義者的訴求和

文學創作都充分的印證此點。

費倫斯曾經從古生物學的角度推測（我不知道他是否是首位提出這觀點的人），女性對男性的敵意可溯源到兩性開始分化的時期，他認為，性交最初是在兩個相當的個體之間進行的，但隨著時間推移，較為強勢的個體就會強迫較為弱勢的個體。被迫屈服的一方自然心生怨念，即便在今天，這往往也是女性的天性之一。我十分樂意看到類似的猜測，只要不要過度渲染即可。

前文針對造成女性性冷淡，以及在被破處後種種矛盾表現的因素，我們羅列數種可能。現在，我們可以總結：女性不成熟的性心理，都會一股腦發洩到與她發生初次性行為的男子身上。

如此一來，處女禁忌就相對好理解，原始人類之所以設置種種規定，就是要避免今後要與妻子朝夕相處的丈夫遭遇此種危險。然而，在較高等級的文明裡，出於種種誘惑，同時也考慮到破處對性從屬的促進作用，人們開始忽視這類危險，女性貞操的存有開始成為一筆任何男子都不願錯過的財富。

但婚姻問題的研究表明，女性因為失身尋求報復的願望，始終未從當代女性的精神世界中徹底消除。細心的觀察者必能注意到，許多女子在第一次婚姻中一直欠缺性慾、缺乏愛意，但在離婚之後，她們往往能和第二個丈夫恩愛有加，相處融洽。可以說，她們對男人的敵意已經在首任丈夫身上消耗殆盡了。

雖然如此，處女的禁忌其實沒有在我們的文化生活裡消失，人們對此仍然了然於胸，作家們也時常會從中謀取素材。

安森格魯貝爾（Anzengruber）曾創作一部喜劇：一個天真的農家少年不願迎娶自己的新娘，原因是「她是一個蕩婦，會讓她的第一任丈夫死於非命」。他允許自己的新娘先嫁給另一個人，待其守寡後，他再娶她為妻，因為這時的她已經不那麼危險了。這部作品的名字叫《處女之毒》，這不禁讓我想起弄蛇人，他們會先誘使毒蛇去咬一塊布，待蛇的毒性散盡之後，就任由他們擺佈了。[12]

而處女的禁忌觸及的主題，在一個著名的戲劇人物身上也得到最為有力的呈現，他即是黑貝爾（Hebbel）悲劇《尤迪特

12. A.施尼茨勒的曾寫過一篇短篇小說《萊森博男爵的命運》，儘管其情節不同，也值得在此一提。有位風流成性的女歌手，她的情人因一次意外而過世。臨死之前，他對此後第一個佔有她的人施下了死亡的毒咒，希望以此換得她守身如玉。此後，這位身負詛咒的女歌手便不敢再與他人風流快活，直到她喜歡上一位男歌手。於是，她決定先和多年追求她未成的萊森博男爵睡了一晚。最後，詛咒也確實應驗了，在明白事情真相的一那，萊森博男爵被人毆打致死。

和霍洛菲尼斯》中的主人公尤迪特。尤迪特是一個貞操受禁忌保護的女子,她的初任丈夫在新婚之夜被一股神秘的恐懼困擾,因而不敢再觸碰她的身體。以她自己的話來講:「我的美麗有如顛茄,享有我,就難免發瘋和死亡。」於是當亞述國的將軍進攻她的城市時,她下定決心用自己的美色去誘惑他,從而置他於死地。

在此,作家以愛國的主題掩蓋了性。在被驕傲自負的亞述將軍粗暴地破身之後,尤迪特從自己的憤怒中獲得力量,一舉砍下將軍的腦袋,也由此成為自己與國家人民的英雄。

砍頭,其實便是閹割的一種象徵,因此尤迪特閹割了奪取她貞操的男人,此種作為與之前所提到的那個女子的夢境,竟不謀而合。

實際上,黑貝爾的這個劇本取材自解釋《舊約聖經》的偽經,但他自技巧地將這個愛國故事染上了性的色。在《聖經》原文裡,沒有任何有關那個恐怖的新婚之夜的記載,甚至尤迪特最後回家後還自辯並沒有遭到玷污。當然,也許是作家的細膩情感,使得黑貝爾覺察這個故事背後其實隱藏著古老的命

題，從而使得此素材回歸性的本色。

薩德格便曾直指核心，對黑貝爾作一細緻分析，他認為黑貝爾作品的選材源於他的雙親情結，使得他在兩性衝突裡時常選擇站在女性的那方，甚至對她們內心最為深層的心理活動也能感同身受。

他還引用作家的自述，闡明其改編題材的動機，有力地指出這些解釋只是虛表，其本意乃是辯護作家本身的潛意識行為，但不料卻欲蓋彌彰。

同樣，對於作家將《聖經》記載中的寡婦尤迪特，描繪成處女寡婦的用意，薩德格對此進行解析，在此便不再贅述。總而來說，這大概和孩童的幻想有關：他們總是對父母隱瞞自己的性行為，且將自己的母親想像成不可侵犯的處女。但我要指出的是：當作家將自己文中的主人公確定為貞潔的處女之後，他自然就聯想到破處之後，尤迪特的憤怒反應。

最後我們來總結一下：破處破身，不僅會使女性對自己的丈夫產生依附感的文化作用，它亦會引發女性對男性由來已久

的敵意。這種敵意時常會演變成某種病態，進而對爾後夫妻的性生活造成障礙，這也是許多女性第二次婚姻會比第一次更加幸福的原因之一。至於原始族群的處女禁忌，丈夫不得參與妻子破身過程，雖然有些奇怪，但考慮到破處後觸發的敵意，其實也有其道理。

因此，若一個心理分析師能遇到，那些兼有對男人的從屬感和敵意於一身的矛盾案例，那必定饒富趣味。有些女子對於破身自己的丈夫毫無感情，卻無法離開他們，每當她們試著與其他的男人相愛，丈夫的影子就會出現在她們眼前。她們已經不愛，但有些畫面仍然揮之不去。

於是，分析揭示，這類女性儘管對自己丈夫柔情不再，卻依然在心底依附對方。她們無法離開自己的丈夫，乃是因為她們的報復行為還未完成。在某些典型案例裡，她們的報復慾望隱藏極深，甚至連她們自己都不曾意識到。

Chapter 2

# 文化的性道德 與現代人的精神病

(*Die kulturelle Sexualmoral und die moderne Nervosität*)

在新近出版的性倫理論著中，馮・艾倫菲爾斯（v. Ehrenfels）對自然的性道德和文化的性道德這兩個概念作了區別。

- 自然的性道德指的是：幫助人類種族持續保有身體健康和生命活力的倫理系統；

- 而文化的性道德指的則是：能使人們更為專注、更富成效來參與文化活動中的性倫理。

　　若將一個民族的基本成就和文化成就做一對比，其實不難看出兩者間的區別。爾後，我將引用馮・艾倫菲爾斯的論述，並對他的思維做出進一步評價。當然，我評論的範疇僅限於與我的研究相關的部分。

　　文化的性道德若佔據了主導地位，則個體的健康和活力將很可能受到損害。這種損害使得個體的犧牲累積到一個程度，就將會側面影響到文化終極目標的實現。

　　馮・艾倫菲爾斯證明，如今在西方文明佔據正統地位的性道德，其實存有一系列的傷害力量，雖然他完全承認其對文化

起了高度的促進作用，但也認為這種性道德亟需改進。

　　此類當今盛行的文化性道德，實則是將從前對女性的禁錮，強加到男性的性生活中，從而將任何不符合婚姻制度（一夫一妻制）的性行為，視為禁忌。但考慮到兩性間的生理差異，人們又難以將男性的出軌行為施以合理的懲戒，縱容男性有其雙重標準的存在。

　　但一個建立在這種雙重標準上的社會，勢必無法在「求道、真誠和人性化」的路途上，找到確切的標準，從而迫使人們不得不隱藏事實、掩蓋真實，甚至欺騙他人、自欺欺人。

　　文化的性道德的可怕之處在於：人性和健康需求，使得生態選擇（vitale Auslese）在文明人群中幾乎喪失功效，且對一夫一妻制的過分追逐，使得本可憑藉「性選擇」（virileAuslese）來改善人類種族體質的途徑，也遭受阻礙。

　　馮・艾倫菲爾斯在論述文化的性道德的危害之處，忽略了一點，而其意義正是我們爾後要仔細梳理的。同時，我認為在當今社會中迅速蔓延的焦慮情緒，也正是因此而起。

有些時候，個別精神病患者會向醫師提及，其真正的性情和文化要求之間的格格不入，並暗示這便是其痛苦的來源：「我們全家都有些焦慮，因為我們對自己的出身不滿，想要變得更好。」

　　同樣，醫師也時常在臨床觀察中發現，那些生長在淳樸、粗野鄉間的家族，有著簡單、健康的社會關係的父輩；但在從鄉間進入大城市後，急於在短的時間內，將其子女提升到較高的文化層次，便從而淪為焦慮人群。

　　總之，精神病醫師們已經明確地將「人們的日漸焦慮」與「當今的文化生活」做了聯繫。而這兩者的相關性，只需參考幾位傑出觀察者的論點，就不難得出。

　　比如W.埃爾伯（W.Erb）便認為：「根本問題在於，此前所提到過的，那些造成焦慮的因素確實在現代生活中成倍擴張，這便能解釋何以人們日漸焦慮——只要瞥一眼當代的生活及其構成，其實答案便顯而易見。」

　　「從日常生活的一些現象裡，我們不難找到線索：新時代的傑出成就，那些各個領域的發現與發明，以及在激烈日增的

競爭下的進步，無不來自人們的心智努力，這也是成功的必經
之路。

　　由於生存競爭對個體能力的要求越來越高，唯有盡全力才
能覓得生機。與此同時，個體對生活品質的要求也有了全方位
的提升，前所未有的奢靡風氣四處蔓延，越來越多人喪失宗教
信仰，人群也逐漸變得乖戾且貪婪。

　　各樣的往來頻繁非常，遍佈全球的通信網絡和電話線，
徹底改變從前商業和交通的模式：一切變得匆忙，夜晚必須差
旅，白天還得談判，即便想藉旅行放鬆休養，種種舟車勞頓也
能將一個人折磨得極其疲憊。

　　相比以往，更多的政治、工業和金融危機正在廣泛的人群
中引起不安。人們越來越普遍地參與政治，於是政治、宗教和
社會互起爭端，選戰以及無休止的政黨之爭使人頭腦發熱，精
神焦躁，也奪走原本用於休息、睡眠和靜養的時間。

　　大城市的生活越發精緻，也同樣越發喧鬧。虛弱的神經只
得借助更強的刺激和更重的口味，來獲得精神上的放鬆，無疑
是飲鴆止渴。

於是，文學為滿足大眾的激情和感官享受，不惜漠視理想和道德準則，圍繞新鮮的話題，塑造許多病態的人物角色，將性心理變態、反叛等等腥羶醜陋呈現給讀者。

　　各種嘈雜、喧鬧的音樂充斥著耳邊，令人不得清閒；戲劇作品則用誇張的表演，力求虜獲人們的感官。造型藝術也偏愛展現出令人厭惡、醜陋、易引起騷動的事物，甚至不惜用令人反感的方式將現實中最醜惡的東西一覽無遺地呈現在人們眼前。」

　　「諸如此類的現象，當今文化發展中的重重危機已經顯露無遺。若更細膩觀察，可發現更多的細節。」

　　賓斯萬格（Binswanger）認為：「過去曾以為神經衰弱是種現代疾病，即便是首次對神經衰弱的病症作出概述的貝爾德（Beard），也曾認為自己在美洲大陸上發現一種全新、特有的精神疾病，但並非如此。然而一個美國醫師憑其經驗就能在首次概括這種疾病特徵的這一事實，也許恰恰就能表明現代生活與這種病狀之間的緊密聯繫。科技的巨大進步超越了社交生活的時空阻礙，對金錢和名利的追逐，也為這種疾病的產生推波助瀾。」

　　馮‧克拉夫特-艾賓（v.Krafft-Ebing）認為：「許多現代文化人的生活方式並不健康，焦慮正在人群中蔓延，此種危害首先作用於人們的大腦。

　　過去幾十年，文明社會的各方面，尤其在商業、工業和農業領域發生許多改變，人們的工作、地位和財產也發生了大幅的變化。這一切都是以犧牲人們的神經系統為代價：滿足日益增長的社會和經濟需求，於是得投入更多精神心力，卻得不到充分的休息。」

　　如此言論雖是合理，但不夠充分，因為這些言論非但沒有解釋神經障礙現象的細節，更忽視了最為重要的根源病因。

　　若我們將詞不達意的「焦慮」擱置一旁，只看具體的精神疾病的表現，就能觀察到文化強加給人們的性道德，實際上制止了文化人群（或文化階層）的性生活，這也是文化帶來的最大損害。

　　我曾在一系列論著中印證這一觀點，就不再此贅述，僅摘錄其中的一些重要觀點。

藉著細膩的臨床觀察，我們概可以將精神疾病分作兩類，即真正的神經官能症和所謂的精神病。對第一類患者而言，無論罹患的是生理還是精神障礙症狀，其表現都與中毒無太大差異，大致是因為某種神經素過多或太少引起。

　　這類神經症多被看作是神經衰弱，可能是性生活的負面所產生的影響，且無遺傳因素可循。其發病的形式與性生活受損害的形式息息相關，以往僅憑臨床上的症狀，就能逆推出其性生活上的起因。但在這類病症和前述文化的負面影響之間其實不存在對應關係，由此，性生活因素才是使這類疾病出現的根本原因。

　　對精神病而言，遺傳的因素十分重要，其起因也更不明顯。透過「精神分析」（Psychoanalyse）研究，可以觀察到這類症狀（歇斯底里、強迫症等）皆是被壓抑的潛意識在作怪，故由心理因素引起。精神分析還可以幫助我們直指潛意識的癥結，讓我們明白這些行為的背後其實都含有性的意味。

　　它們其實是未能滿足的人們，發洩性需求的途徑，從某個層面上來說是一種替代性的滿足。因此，性生活遭到損害，性

行為受到壓制，性目標被迫轉移，便是精神病的致病之源。

雖然我們已從理論上區分毒素性和心理性的神經官能症，但也需要注意，這兩類因素可能都同時作用在大多數精神病患者的身上。

那些準備好與我一同在性生活損害裡，進一步探討精神病起因的人們，也會同意爾後的論述，在更寬廣的層面上，尋找人們日趨焦慮的原因。

一般而言，文化實是建立在壓抑本能慾望的基礎之上，每個人皆被要求放棄自己一部分的財產、權力、攻擊性和報復慾，從而完成公共的物質和精神文化之財富累積。

正是因生存的需要，及由性愛所衍生出來的家庭感，使個體做出了犧牲。而再文明發展的歷程中，這類犧牲具有進步的意味，也得到了宗教的認同：人們放棄慾念，作為供奉給神的祭禮，從而得到的公共財富便是「神聖的」。至於那些堅持自己、不願配合的人，就是社會的「罪人」和「叛徒」，除非他們的社會地位和傑出才能足以將他們包裝成「偉人」和「英

雄」。

　　有研究指出，人類的性衝動其實是由多種元素，和各類部分衝動組成的。因此，其性衝動比其他大多數高等動物更為強烈，持續得也更久，因為它幾乎徹底擺脫了其他動物性衝動的週期特點。

　　此外，它還有一個優勢：其對象可以發生轉移，卻不會從根本上減弱其強度，這就為文化行為提供許多巨大的能量來源。如此用一個與性無關的目標去替換原始的性目標，並在過程中保留兩者間的心理聯繫的能力，被稱為昇華作用（Sublimierung）。

　　有些性衝動能被轉移，從而表現出它的文化價值；但有些性衝動則十分頑固，不願被用作他途，有時甚至不惜相抗。由於每個人原始的性衝動強弱因人而異，因此其可被投入到昇華作用中的份額，也各不相同。

　　我們可以這麼認為：首先，一個人天生的機制決定有多少性衝動能被用於昇華作用；於此之外，來自生活和心智發展，

也會促進更多的性衝動份額發生轉化。

但就像在機械運動中,熱能不能百分之百得到轉化一樣,性衝動也不可能完全不流失地被轉移。且對於大多數器官來說,一定程度的直接性衝動是必要的,若這部分性衝動無法滿足,便會對人體產生功能性的損害,給人帶來不快,直到讓人產生病態。

且一旦我們明瞭,人類性衝動的產生並非出於繁衍的需要,而是為了獲取一定的愉悅感,這一切便豁然開朗了。性衝動的萌芽在幼兒期就已存在,孩子的快感並不僅只源於性器官,也來自其他身體部分(快感區),他們執著於某一個區域,甚至不惜放棄其他快感來源。我們稱這一時期為自體享樂期,並在教育過程中限制這一時期的延續,因為在這一階段停留過久,會影響隨後對性衝動的主導和轉化。

隨著發育,性衝動漸漸從自體享樂轉變為對象之愛,原本皆有自主性的各個快感區,也開始讓位給具備生殖功能的性器官,成為其部屬。在此過程中,部分性衝動因無關乎生殖,而受到排擠。在理想狀態下,這部分性衝動正好可以被昇華,而

所謂的反常性衝動受到壓抑，正為文化行為提供最大的動力來源。

參考性衝動的三個發展階段，我們也可以將文化的發展分為三個階段：

- 第一階段，性衝動不以生殖為目的，自由不受拘束；

- 第二階段，一切不為生殖服務的性衝動，都受到束縛；

- 到了第三階段，僅有為生殖服務的性衝動，才能被允許成為性目標。

我們當前的文化性道德，就是第三階段的產物。

但假如我們以第二階段作為參照，就可以觀察到，部分人群的身體並不能完全滿足這一階段的要求。於是在自體享樂時期，到對象之愛後，再到性器官結合的發展過程裡，這些人的性衝動偏離了正常。

於是這種病態的發育，也最終生成兩類有害的反常現象，

我們不妨稱其為文化使然的性發展，這兩者既互斥，卻又共生。

第一類是各式各樣的性反常者（性慾過旺盛的人除外），他們的性目標依舊停留在自體享樂的第一階段，本該主導生殖器官反而未能及時統領；第二類是同性戀人群或性倒錯者，不知什麼原因，他們的性對象從異性轉移到同性身上。

僅有這兩類有害的發展障礙，減低到常人預期的界線，正常的性衝動才得以成形，性生活才會趨於正常。

在這一過程裡，一部分性衝動的組成元素會被排除在外，且事實證明，性倒錯者和同性戀者身上這些多餘的性衝動成分，更適宜於昇華作用，轉化為文化的果實。

然而，如果性反常和同性戀者的性衝動表現得更為強烈，或是成為一個人的全部，那就會使載體喪失其社會功能，乃至心裡憂鬱、悶悶不樂。即便是停留在第二階段的文化要求，也會成為這部分人痛苦的來源。

且這一異類人群的命運也各有不同，這一切都取決他們身

上性衝動的強度。若另類的性衝動較為弱勢，性反常者就能壓制住內心那些有違其文化階段道德要求的期待。但即便是在這種理想狀況下，這些也會耗盡他們全部心力，使得他們無從分身從事文化活動。

因此，這種內耗使他們喪失對外活動的可能，幾乎可以預見他們是第三個文化階段中的禁慾男女的翻版。

故若是一個人反常的性衝動十分強烈，那便只有兩條可能的出路。

第一條路，這些人堅持自身反常的性取向，並為此承擔一切偏離自身文化層次的後果。

第二條路則是：在教育和社會規範之下，這些人也能克制住自身反常的性衝動，不過克制得並不徹底，甚至可以說更是失敗。此種情況若是成功，則受阻的性衝動將以另一種方式被宣洩出來；但哪怕是換另一種宣洩管道，其對於個體而言同樣有害，長期而言，還不如一開始就對其放任。

因此克制性衝動就產生替代現象，即是所謂的精神焦躁，

或是精神病。由此看來，其實精神病患就是一群違心地去適應
文化要求，痛苦地壓抑內心慾望，竭盡全力為服膺主流文化的
人，他們為此竭盡心力，以致顯露出病態。

儘管如此，我仍舊把精神病看作是性反常的一種隱形表
現，因為性反常的傾向即便已被壓制，也仍然會在潛意識的壓
迫下顯露出來。故從本質而言，它與顯性的性反常現象其實並
無區別。

此外，每個人的承受力其實都有一定限度，一旦超出承受
範圍，其體質就無法再適應文化要求。有些人過於苛求自己，
承受的壓力超過限度，於是患上精神病。若他們能夠接受自己
的不完美，日子就會好過許多。

性反常和精神病本來就是一體兩面，只要觀察某個家庭中
同代人的表現，這一點就能得到印證。好比在男孩是性反常者
的家庭中，其姊妹往往是精神病患，即便身為女性，她們的性
衝動並不明顯表現，但她們的症狀卻與性慾旺盛的兄弟無異。
同樣，許多家庭裡的男子身體健康，卻被視作傷風敗俗的另
類，為社會所不恥；其同輩的女子體態端莊，舉止優雅，但十

分神經質。

我們社會要求所有人遵循共同的文化準則，有些人的體質可以讓他們輕鬆遵循，有些人卻要為此做出很大的犧牲，這本身便極不公平。幸而有些道德準則一再被人漠視，這些矛盾才難以突顯。

迄今為止，我們的觀察都適用於假定的第二個文化階段。在此階段中，那些所謂的性反常行為是被嚴格禁止的，而正常的性交則並不受限。但即使這樣劃分自由和受限制的性行為，仍會有人被視作性反常而無法融入，而另一些人雖然努力擺脫性反常，卻也未能成功，反而變得神經質。

若我們將對性自由的束縛和文化要求，提升到第三個層次，僅僅允許合法婚姻內的性行為，其後續也就不難想像：性衝動強烈的人會與文化的要求公然抵抗，這方面的人數必然會大量增加；同樣，那些軟弱的人在文化限制和內心抗爭之間兩面欺壓，直至患上精神病，這方面的人數也會大幅增長。為此，我們需要回答以下三個疑問：

i. 第三個階段的文化向個人提出什麼要求？

ii. 合法的性滿足，是否能補償禁止其他性行為所帶來的損害？

iii. 這種可能給人帶來損害的禁慾行為，在何種程度上是否能為文化所用？

要回答第一個問題，就必須談到禁慾。第三個文化層次要求每個人在兩性通婚之前保持禁慾，若一生不婚，那就只能禁慾一生。

許多權威人士認為禁慾並非難事，也對人無害，不少醫師也持有相同的觀點。但實際上，要去克制性慾這強烈的慾望，而非順其自然去滿足它，對於任何人來說都非易事。只有少數人可借助昇華作用，將性衝動從性目標轉移到更高層次的文化目標上；且即便是這些人，也並非都可以成功轉換，至少精力旺盛青少年們就很難做到這一點。大多數人則變得有些神經質，或者做出讓健康受損的事情。

事實上，我們大多數人本身無法適應禁慾。因此，那些在

性限制相對寬鬆的低等階段，就表現出不適應的人群，在如今文化的性道德下就只能患病更早、病得更重，乃因一旦一個人的正常性生活，因先天不良或發育受阻而面臨威脅，其最好的補救方法就是去滿足性的需求。

但更糟的是，一個人越是陷入精神病，就越難做到禁慾，而那些在正常發育過程裡本應發生轉化的部分衝動，也就越難被壓抑。

即便那些能遵循第二階段的文化限制中的人群，也會大量出現神經質的症狀，因為性滿足越是受挫，其精神價值就顯得越高。最後過度累積的力比多會尋找性生活的薄弱環節，以病態的方式，尋求精神上替代性滿足。

知曉這種局限性精神症狀的人，也就不難得到結論：正是當今社會，對性行為的種種限制，才導致精神病症的頻仍。

現在我們再來研究第二個問題，即合法婚姻中，被允許的性行為，能否彌補婚前禁慾的傷害。

絕多數資料都對這一問題持否定看法，故在此我們僅作簡

要的摘錄。即便是婚內性行為，也受到了當今文化的性道德之束縛，因為夫妻雙方被要求盡可能節育。

因此，夫妻性生活美滿的時間往往不常，中間還要扣去，那段出於保護女性健康的出發點必須禁止性生活的時期。於是在三五年後，婚姻內的性行為就無法再完全滿足夫妻雙方了。無論是何種避孕措施，都會削減性交帶來的快感，俾使夫妻雙方無法獲得最微妙的感受，甚至直接引發疾病。

於是，夫妻間百般的愛意與柔情，甚至是心靈上的兩性相悅，都會因為害怕性行為所帶來的後果而消失殆盡，也令雙方開始逃避一夜激情後的責任。種種因素，導致在大多數的婚姻中，夫妻雙方會在精神和肉體的雙重失落的作用下，陷入婚前的境地，被迫壓抑和轉移自己的幻想和性衝動。

要一個壯年男子做到這一點，簡直是難以想像。事實上，儘管是在最嚴酷的性道德束縛下，男性依然會絞盡腦汁利用好每一丁點的性自由。那些當今社會中盛行的雙重性道德標準，就是最好的證明：我們這個社會制定這樣的規範，但本身卻不指望它們能得到嚴格的執行。

況且經驗也表明，承擔著升生育重任的女性，其昇華能力也是有限。起初，初生的嬰兒還能作為她們性對象的替代品，但隨著孩子的長大，對婚姻的失望無處釋放，她們終生難免被嚴重的精神病所困。

　　在今天的文化現狀下，婚姻早已不是能夠消除女性精神痛楚的解藥了。作為一個醫師，我們雖然建議患有精神病的女性嘗試結婚，但其實我們也明白，一個女孩只有足夠符合文化性道德的規範，才能經受住婚姻的考驗。

　　為此，我們也強烈建議男性們別娶婚前就已顯現神經質的女性為妻。婚姻使人焦慮不安，而抵禦這種不安的最好解脫就是出軌；但一個女性所受到的家教越嚴，越是遵循文化的約束，就越害怕採取此方法。

　　她們被夾在內心慾望和自身責任感之間難以權衡，最終只能變得神經質非常，因為唯有疾病才能保全她們的美德，婚姻只能短暫地、略帶敷衍地滿足當代年輕人積累許久的性慾望，難以持久。說它能彌補婚前禁慾的損害，簡直就是天方夜譚。

即便是同意文化的性道德會給人類帶來傷害的人，在面對第三個問題時，也許仍會質疑：被受限的性行為折磨到痛苦不堪的人畢竟為數不多，約束性生活所帶來的文化效益，或許要比給人帶來的痛楚要多上許多。

我自是無法將其中的得失算得一清二楚，但大致可以估計其中的害處。

回到我們提過的禁慾話題，我得說禁慾除了會誘發精神病，其實還有其他的惡果。即便是由禁慾引發的精神病，也一直未能得到全面且有系統的評估。

不過，我們的教育和文化總在試圖延緩人們的性發展和性活動，這本身並沒有害處，況且考慮到如今受過教育的青少年獨立謀生的年齡越來越大，這些設定似乎還是極為必要的。但是，我們也必須注意，我們的文化制度緊密相連，往往牽一髮而動全身，任何細小的改變可能都要冒很大的風險。

超過二十年的禁慾，對於青年男子而言是難以想像的，即使不令他們變成精神病患者，也會帶來相當的損害。有人說，

抗爭強烈的性衝動、強調精神生活倫理和美學的力量，會有助於磨練一個人的意志，這對少數的奇才來說，確實無疑。然而對於絕大多數人而言，與性衝動的抗爭幾乎就耗盡他全部的精力，但青少年時期的全部精力，本應被用在社會上來奮鬥和生存。

但不同的工作性質，也會有不同的影響，例如，不問情事的年輕學者卻能透過節慾，為自己的研究省下更多的精力；而藝術家的靈感則往往來自其性生活，很難可以做到徹底的禁慾。一般來說，我不認為禁慾可以造就精力充沛、獨立自主行動的強者、具備原創精神的思想家，或是無畏的解放者和改革者。更多的情況下，禁慾只能產生一些順從的弱者，他們終不免成為平庸之人，被迫接受強者的擺佈。

在禁慾的過程中，性衝動十分頑固強烈，總要伺機做出反擊。但我們文化教育的傾向，是在婚前暫時壓制性衝動，婚後則對其採取放任的態度。因此，對性衝動的壓制有時過於強烈，結果適得其反，重獲新生的性衝動反而會對人造成持續的傷害。

因此，對於青年男子而言，青少年時期完全禁慾，並非是最好的方式。有些女性對此了然於心，所以傾向於在愛慕自己的人中選擇有過性經驗的男子作為配偶。

至於婚前嚴格禁慾對於女性的傷害，則更為顯見。教育為了打壓女子婚前的肉慾，可謂絞盡腦汁。它不僅禁止婚前性行為，更大肆宣揚保全貞操的重要性，刻意使得走向成熟的少女，對自己將要承擔的角色，處於一無所知的狀態，禁止一切偏離婚姻的愛情衝動，更竭力防止她們接觸到外界的誘惑。

這樣做的後果便是：即使少女被父母允許戀愛，但她們在心理上也沒能做好準備，故只能帶著不安的狀態步入婚姻的殿堂。

她們的愛情功能被人為地延緩，在情慾賁張的丈夫面前，她們的表現註定讓人失望。而在精神狀態上，她們依然受控於父母，父母對性衝動的壓制具有權威性，這種威嚴仍然令她們誠惶誠恐。

在身體上，她們表現出性冷淡，這也就使得丈夫無法與

其共有高品質的性享受。我不清楚在沒有文化教育的地方，是否也有性冷淡的女性存在。若有，這類人肯定也是在教化所影響。

這些在性生活中感受不到愉悅的女性，也不太願意懷孕生子，或是在生育時表現出更多痛苦。在她們為了走向婚姻，潔身自好以符合社會期待之時，婚姻的意義已經不復存在。

等到她們徹底擺脫此種束縛，重新得到愛的能力，與丈夫之間的裂痕卻已經難以修補，一切逼得她們在忍受性饑渴、出軌和患上精神病之間做出選擇。

另外，從一個人的性行為中，往往能窺出他的處世原則。一個會對自己的性對象積極主動的人，在追尋其他目標時也大致會如此。那些經過深思熟慮，克制了自己的強烈性慾的人，在生活中也會表現相對謙讓、畏縮而被動。

這一點，女性身上就有最好的例證。儘管她們有著強烈求知慾，我們的教育卻不允許女性站在理性的角度，去研究性問題。反而恐嚇她們，對性知識的渴求是一種道德敗壞的表現。

如此一來，女性就變得倦於思考，對於性知識也不存有太多興趣。

這種禁錮的思想不僅局限於性的範疇，也影響到其他領域，這一方面是因為性與生活之間不可分割的聯繫，另一方面也是自然而然的事情，一如人們在宗教問題上很難出格思考，溫順的臣子很難放棄他的愚忠一般。

在莫比烏斯有著多處前後矛盾的論述中，他認為處理心智工作和性行為之間的關係，是女性的「生理弱點」。對於這種看法，我著實不敢認同。相反，我認為許多女性智力上的發育滯緩，正是由性壓抑所造成的思想障礙所引起的。

綜觀以上，在關於禁慾的討論中，禁慾大致可分為兩種：禁止一切的性行為，或是僅僅禁止與異性之間性交。

許多成功禁慾的人，他們的禁慾其實是借自慰或一些類似的性滿足行為得以實現禁慾的目標，這與孩提時代自體享樂期的性行為密不可分。正是因為這層關聯，這些獲取性滿足的替代行為絕非無害。

如果性生活朝向幼兒時期的性行為發生退化，就容易誘發各種精神病和心理障礙。同時，自慰也不能完全滿足文化性道德的要求，它使得年輕人與教育的理想目標發生衝突，而這種衝突本是他們透過禁慾力求避免的。

　　此外，自慰還會縱慣一個人的性格。首先，如果一個人不經過努力和付出，就能輕而易舉達成性目標，那麼依據性行為的原則，這對於其性格的養成極為不利；其次，在伴隨著自慰出現的性幻想裡，一個人往往會把自己的性對象提升到一定的高度，而在現實生活中找到類似的性對象卻非容易之事。難怪作家卡爾・克勞斯（Karl Kraus）在維也納的《火炬》（Fackel）雜誌中，曾經不失幽默地說：和自慰相比，性交只是一種不完美的替代品！

　　一方面，文化對禁慾提出嚴格的要求；另一方面，禁慾目標的實現的確存有客觀的困難。為此，人們將禁慾的重點放在避免兩性性器官交合上，默許了其他形式的性行為。

　　既然正常的性交遭到了道德的強烈譴責（由於性病傳染等因素，衛生學也加入了譴責的行列），那麼兩性間那些用其他

身體部位來取代性器官的反常性行為就由此而生，其重要性也日趨上升。這類性行為並非夫妻間偶爾嘗鮮的新技巧，反之其實十分有害。

從道義上講，這類行為應當受到撻伐，因為它們將兩人間的愛情關係從一件嚴肅的事情，化作一個零風險、無須全身心投入的享樂遊戲。

此外，如果正常的性生活變得困難，同性戀的數量就將大大增加。除了那些天生的同性戀者，和在孩提時期受環境影響而成為同性戀的人外，又將有一大批人由於在成年時期原慾的主要流向受阻，轉而另闢蹊徑。

禁慾這些意料之外，卻又無法避免的後果，徹底翻轉了原本為婚姻做準備的本意。對文化的性道德而言，婚姻才是一切性追求的唯一目的。

那些受自慰，或一些其他反常的性行為的影響，而將原慾釋放到了正常管道之外的男子，在婚姻中多少會表現出其性能力的不足。而那些用類似方式保住童貞的女子，在婚內的正常

性行為中也會顯現出性冷淡。

如果男女雙方的性能力從一開始就被打了折扣，那一段婚姻恐怕就難以持維持。而一次猛烈的性經歷，原本可以幫助女性擺脫教化所致的性冷淡，可若男性的性能力不足，得不到滿足的女性，也就只能繼續保持冷淡。而對於這樣的一對夫妻而言，避孕也較正常夫妻來得困難，因為性能力較弱的男性往往不能忍受避孕措施的使用。一旦婚姻陷入這種窘境，性交就成了一切問題的根源。而放棄了性交，婚姻的基礎也就不復存在。

我並沒有在這裡大放厥詞，僅是忠實地敘述了一些臨床上常觀察到的現象，這一點肯定會得到內行人士的贊同。一般人恐怕難以置信，在當今文化性道德的影響下，婚姻中的性行為出現許多的狀況，性能力正常的男子越來越少，患有性冷淡的女子卻越來越多，總的來說這是一樁多麼絕望的事情，原本令人熱切嚮往的婚姻之樂，終究難尋。

在這種情況下，許多人被迫在精神病中尋找出路；接下來要說明的，便是這樣的婚姻對於子女會有什麼樣的影響。一開

始或許會認為與遺傳有關，但仔細研究後我們可以觀察到，這都是父母對子女幼年強烈的影響在起著作用。

患有精神病的女子在自己的丈夫那兒得不到性滿足，就會將自己對愛的需求轉嫁到孩子身上，對他們百般呵護，倍加寵愛，這恰恰造成了孩子的性早熟。父母不圓滿的相處又在孩子的情感生活中掀起波瀾，使他們在過早的年紀過於強烈感受到了愛、恨和嫉妒。

孩子的性慾望早一步被喚起，但嚴格的家教和社會規範又不能容忍任何性行為，兩者之間的矛盾在孩子身上造成衝突，已足以使孩子終生面臨被精神病折磨的危機。

現在我要再此回頭闡述我前文的觀點，即人們一直未能對精神病給出全面而系統的評估。

當一個人患上精神病，其家屬們或許會漫不經心把他拋在一邊，一些醫師還會信誓旦旦作下保證，進行幾週的冷水療法，再靜養幾個月，病就可以痊癒了。這只是一些庸醫和門外漢的作法，他們的這些言詞頂多只能給患者帶來短暫的安慰。

眾所皆知，即便一個慢性的精神症患者，沒有徹底喪失生存能力，也很難去承受生活的重負，其所處的情況與肺結核患者或是心臟瓣膜病患者並無太多差別。

　　如果有人以為，精神病僅是使一小部分的弱者失去傳承文化文明的能力，大多數人只要付出一些主觀上的痛楚，就可以繼續傳承的話，那就大錯特錯了。

　　我在此特別強調，精神病無論出現在誰身上，只要它一直存在，就會一直挫敗文化的目標，扮演與文化作對的精神力量的角色。

　　在這個過程中，社會無法全面兼顧，最後只好一無所有，在日益增多的精神病面前的軟弱表現，付出慘重的代價。

　　舉個典型的例子，一個女子在結婚後並不愛她的丈夫，無論是在結婚時還是在婚姻生活裡，她都找不到愛他的理由；但與此同時，她所受的教育又要求她必須愛她的丈夫，因為這才是婚姻的意義所在。於是，她必須壓制自己內心的所有衝動，違心地克制自己，還得使出渾身解數，扮演一個溫柔、順從、

體貼的妻子。若如此的自我壓抑太久，她輕易就會患上精神疾病，並很快在她所不愛的丈夫身上尋求報復，施予他同樣的不滿和苦惱，其後果恐怕比坦陳事實還要更加嚴重。

這個典型的例子充分展現精神病的可怕力量。此外，若想壓制那些並非直接與性相關，卻與文化作對的衝動，也會適得其反。

例如，有人想刻意去壓制自己性格裡過於激進和殘暴的一面，想要做一個大好人。但這是一件極其困難的事，乃因與自己性格做鬥爭耗去他的大部分精力，使得他接應不暇，他所做的好事，恐怕比正常的時候還要少。

同時，我們還要了解，限制性行為，會大幅增加一個種族的生存焦慮感和死亡恐懼感，從而影響每個個體享受生活的能力，打消他們為某件事全力以赴的積極性。而這一切，都會直接反映在人們日趨削弱的生育願望上，甚至可能直接導致一個民族在未來被除名。

於是我們不禁要問，我們為文化的性道德做出如此多的犧

牲，這真的值得嗎？何況如今我們還沒有徹底脫離享樂主義，誰都不願意平白無故奉獻自己的一部分快樂，來服務文化發展的目標。

　　作為一個醫師，提出這方面的改革並非我的職權所在、能力所及。我能做的，只是在馮・艾倫菲爾斯研究的基礎上，整理出文化性道德的種種傷害，指出它與在現代人群裡蔓延開來的精神病之間的對應，並由此證明：改革，已迫在眉睫。

附
錄

# 佛洛伊德
# 與他的時代

# 佛洛伊德與他的時代

| 年代 | 生平 | 歷史大事記 | 文化與社會 |
|---|---|---|---|
| 1856 年 | 5 月 6 日，西格蒙德·佛洛伊德誕生於奧匈帝國摩拉維亞省（今捷克共和國東部）佛萊堡鎮。父親是位從事羊毛生意的猶太商人。 | 簽訂巴黎和約，克里米亞戰爭結束。<br>中英第二次鴉片戰爭開始。 | 英格蘭，亨利·貝塞默改革了由鐵礦石煉鋼的方法，發明了轉化爐來煉鋼。 |
| 1859 年<br>（5 歲） | 隨家人遷居德國萊比錫，次年定居維也納。 | | 達爾文出版《物種起源》。<br>馬克思出版《政治經濟學批判》。 |
| 1873 年<br>（17 歲） | 以優異成績完成中學學業，進入維也納大學醫學院。大學期間不僅修完醫學方面課程，還額外修習生物學、哲學、礦物學等週邊學科。 | 西班牙第一共和建立。 | 麥克斯韋的出版《電磁學》。 |
| 1876 年<br>（20 歲） | 師從恩斯特·布呂克，進入維也納生物學研究所做課題研究。 | 左宗棠帶領湘軍收復新疆。<br>保加利亞爆發四月起義。<br>英國議會授予維多利亞女王「印度女皇」之頭銜。 | 貝爾發明電話。<br>馬克·吐溫的發表小說《湯姆·索亞歷險記》 |
| 1879 年<br>（23 歲） | 應招入軍隊服役，閒暇時間進行業餘翻譯工作。 | 日本兼併琉球，改為沖繩縣。 | 愛迪生發明電燈。 |
| 1881 年<br>（25 歲） | 獲維也納大學醫學博士學位，進入維也納綜合醫院實習。 | 德國、奧匈帝國、俄國結為同盟，是為三帝同盟。中俄簽立《聖彼得堡條約》。 | |
| 1882 年<br>（26 歲） | 轉入希歐多爾·梅涅特的精神治療研究所工作，次年回到維也納綜合醫院。 | 中國與法國簽訂《天津條約》。<br>美國頒布 1882 年排華法案。 | |
| 1884 年<br>（28 歲） | 受命負責綜合醫院精神科工作。次年 3 月受聘臨時代理私人精神病療養院醫師工作。 | 柏林西非會議召開，歐洲列強各自劃分在非洲的勢力範圍。<br>第三次英國議會改革，除貧窮者外，皆獲選舉權。 | |

| | | | |
|---|---|---|---|
| 1885 年<br>(29 歲) | 獲維也納大學講師資格，在布呂克的推薦下得到醫學獎學金，赴法國巴黎深造。在巴黎，佛洛伊德投學讓-馬丁·夏爾科門下，並進入當時全世界最好的精神病研究機構薩伯特慈善醫院研究學習，由此正式邁進精神病學研究領域。 | 中法戰爭，法國取得越南為殖民地。 | 美國自由女神像安置完工。<br>第一輛摩托車在德國問世。 |
| 1886 年<br>(30 歲) | 從巴黎返回維也納，專研歇斯底里症及催眠療法。 | | 可口可樂發明。 |
| 1887 年<br>(31 歲) | 發表《關於古柯鹼的研究》。 | 臺灣省正式建省，劉銘傳任首任台灣巡撫。 | |
| 1891 年<br>(35 歲) | 發表《論失語症》。<br>逐漸形成精神分析法的基本思想。 | | 史丹福大學正式開課。<br>愛迪生獲收音機及電影攝影機專利。 |
| 1895 年<br>(39 歲) | 與布勞爾合著的《歇斯底里症研究》出版。 | 中日簽訂馬關條約，甲午戰爭結束。 | 諾貝爾獎設立。<br>盧米埃兄弟在巴黎首次放映電影。 |
| 1900 年<br>(44 歲) | 出版《夢的解析》，精神分析法正式建立。開始做自己的夢境記錄，並每日定時做自我精神分析。 | 慈禧太后向各國宣戰，引發八國聯軍之役。<br>英國原六個殖民地宣告成立澳大利亞聯邦。 | |
| 1901 年<br>(45 歲) | 發表《日常生活的精神病理學》，首次透過精神分析法闡釋了人們日常生活中普遍存在的「潛意識」行為。 | 清朝與其他十一國代表在北京簽訂辛丑合約。 | 首次頒發諾貝爾獎。<br>無線電通訊發明。<br>紐約洋基隊成立。 |
| 1902 年<br>(46 歲) | 受聘維也納大學醫學院教授。在家中創辦「星期三心理學俱樂部」活動，參與者先後有阿德勒、費登、榮格等青年精神病醫師和研究者，後來都成為心理學領域舉足輕重的人物。 | 英日同盟成立。 | 京師大學堂師範館成立。<br>美國百老匯第一個劇場開始營業。 |
| 1904 年<br>(48 歲) | 出版《玩笑及其與無意識的關係》、《日常生活的精神分析》。 | 日俄戰爭爆發。 | |
| 1905 年<br>(49 歲) | 發表《少女杜拉的故事》。出版《性學三論》。 | 瑞典和挪威分離成二個國家。<br>第一次摩洛哥危機。 | 第一個扶輪社成立。<br>愛因斯坦發表狹義相對論。<br>清朝廢除科舉制。 |

| 1906 年<br>(50 歲) | 結交時年 31 歲的 C.G. 榮格。 | 舊金山大地震。維蘇威火山爆發。<br>印度成立穆斯林聯盟。英國工黨建黨。 | 雷吉納德‧菲森登啟用世界上第一台無線電台。 |
|---|---|---|---|
| 1908 年<br>(52 歲) | 「星期三心理學俱樂部」升級成為「維也納精神分析學會」。發表《文化的性道德與現代人的精神病》。4 月，於奧地利薩爾茨堡召開首次「精神分析會議」。8 月，受邀赴美講學，將精神分析法帶到美國。 | 清末帝溥儀即位，年號宣統。奧匈併吞波斯尼亞及黑塞哥維那，引發波斯尼亞危機。 | 福特公司推出 T 型車。美國首次出現慶祝母親節的活動。法國人伯希和（Paul Pelliot 1878 － 1945），攜走敦煌莫高窟經卷文物、絹畫、雕像六千餘件。 |
| 1910 年<br>(54 歲) | 出席於德國紐倫堡召開的第二屆「國際精神分析大會」。會上成立了「國際精神分析協會」，榮格任首任主席。發表《里奧納多‧達文‧西的童年記憶》。<br>出版《心理分析》。用精神分析法幫助音樂家馬勒治癒「強迫症」。 | 日本併吞韓國。<br>葡萄牙成立共和國政府。 | 愛迪生發明有聲電影。 |
| 1911 年<br>(55 歲) | 出席於德國威瑪召開的第三屆「國際精神分析大會」。 | 黃花崗起義。武昌起義。同盟會推翻滿清專制，中國進入共和。 | 首次三八婦女節。 |
| 1913 年<br>(57 歲) | 出席於德國慕尼克召開的第四屆「國際精神分析大會」。出版《圖騰與禁忌》。 | 第二次巴爾幹戰爭。<br>二次革命爆發，孫中山討伐袁世凱。 | 亨利‧福特在福特汽車廠建立第一條汽車裝配線。 |
| 1914 年<br>(58 歲) | 發表《精神分析運動史》。<br>榮格退出「國際精神分析協會」。 | 第一次世界大戰爆發。 | |
| 1915 年<br>(59 歲) | 於維也納大學開設「精神分析導引」課程。發表《對戰爭與死亡的看法》。 | | 革命刊物《新青年》在上海創刊。 |
| 1916 年<br>(60 歲) | 發表《悲傷與抑鬱》。出版《精神分析導引》。 | 袁世凱稱帝，史稱洪憲帝制，83 天後宣佈瓦解。 | |
| 1918 年<br>(62 歲) | 出席於匈牙利布達佩斯召開的第五屆「國際精神分析大會」。 | 第一次世界大戰結束。十一個國家宣布獨立。 | 魯迅發表小說《狂人日記》。 |

| | | | |
|---|---|---|---|
| 1919 年<br>(63 歲) | 戰爭帶來了大規模人群的精神困擾，對於精神病學研究的需求陡增。佛洛伊德在維也納創辦「國際精神分析出版公司」，專門出版心理學相關書籍。 | 第一次世界大戰正式結束，在巴黎簽訂凡爾賽條約。<br>中國五四運動開始。<br>中國出現第一次大規模罷工。 | 德國議會選舉，婦女首次獲選舉權。 |
| 1920 年<br>(64 歲) | 出席於荷蘭海牙召開的第六屆「國際精神分析大會」。出版《快樂原則的彼岸》。 | 國際聯盟正式成立，總部設於瑞士的日內瓦。印度國民大會黨領袖甘地發動第一次不合作運動，反對英國殖民統治。 | 美國婦女獲得選舉權。 |
| 1921 年<br>(65 歲) | 出版《群體分析及自我分析》。 | 中華民國政府成立，孫中山就任非常大總統。<br>土耳其、愛爾蘭獨立 | |
| 1922 年<br>(66 歲) | 出席於德國柏林召開的第七屆「國際精神分析大會」。 | 華盛頓會議的召開。<br>墨索里尼掌權，義大利法西斯黨開始執政。蘇聯成立 | 台灣縱貫鐵路海岸線全線通車。<br>英國廣播公司（BBC）正式創立。 |
| 1923 年<br>(67 歲) | 出版《自我與本我》。發現口腔中的腫瘤，同年接受手術。 | 比利時、法國出兵佔領德國魯爾區。日本關東大地震，東京被夷為平地。 | 魯迅出版小說集《吶喊》。<br>美國華特迪士尼公司正式營運。 |
| 1924 年<br>(68 歲) | 出席於薩爾茨堡召開的第八屆「國際精神分析大會」。 | | |
| 1925 年<br>(69 歲) | 出版《自傳》。出席於洪堡召開的第九屆「國際精神分析大會」。 | 羅加諾公約簽定。<br>孫中山在北京逝世。 | 貝爾德發明電視機。 |
| 1926 年<br>(70 歲) | 出版《抑制、症狀與焦慮》。 | 中國國民革命軍開始北伐。 | |
| 1927 年<br>(71 歲) | 出版《一個幻覺的未來》。出席於因斯布魯克召開的第十屆「國際精神分析大會」。 | 中國南昌起義。 | 第一部有聲電影出現。 |
| 1929 年<br>(73 歲) | 出版《文明及其不滿》。出席於英國牛津召開的第十一屆「國際精神分析大會」。 | 世界經濟大衰退開始。<br>梵蒂岡獨立。 | 奧斯卡獎首次頒發。 |

| | | | |
|---|---|---|---|
| 1930 年<br>（74 歲） | 獲德國文學最高榮譽「歌德獎」。因健康原因未能赴德國法蘭克福參加授獎儀式，由女兒安娜・佛洛伊德代為出席。 | 台灣賽德克族在首領莫那魯道率領下，在霧社發動反抗日本統治的起義，霧社事件爆發。 | 第一屆足球世界盃於烏拉圭舉行。冥王星被發現。 |
| 1932 年<br>（76 歲） | 出席於德國威斯巴頓召開的第十二屆「國際精神分析大會」。 | 日內瓦會議舉行。 | |
| 1933 年<br>（77 歲） | 希特勒上臺，禁止一切有關精神分析學派的出版物。 | 希特勒成為德國元首，第三帝國成立。甘地發起禁食抗議英國占據印度。 | |
| 1936 年<br>（80 歲） | 納粹分子凍結「國際精神分析出版公司」財產。當選英國皇家學會會員。 | 義大利軍隊攻佔衣索比亞首都。 | |
| 1937 年<br>（81 歲） | 出版《有限與無限》。 | 愛爾蘭獨立。德日義軸心國成立。<br>七月，日軍發動七七盧溝橋事變，對日抗戰開始。<br>日軍攻克南京，始稱南京大屠殺。 | 世界首部動畫片《白雪公主和七個小矮人》首映。 |
| 1938 年<br>（82 歲） | 3 月，納粹德國入侵奧地利，查封「國際精神分析出版公司」全部財產。6 月，取道法國巴黎前往英國倫敦。 | 德奧合併。簽定慕尼黑協定。 | |
| 1939 年<br>（83 歲） | 3 月，《摩西與一神教》出版。9 月 19 日，病情惡化。9 月 22 日，自願放棄治療並請醫師為其減輕痛苦。9 月 23 日，佛洛伊德在睡眠中與世長辭。終年 83 歲。 | 西班牙內戰。<br>德國吞併捷克。德國入侵波蘭，第二次世界大戰正式爆發。 | |

國家圖書館出版品預行編目（CIP）資料

性學三論 / 西格蒙德.佛洛伊德著 ; 孫中文翻譯. -- 初
版. -- 臺北市 : 信實文化行銷, 2017.08

　　面 ；　　公分. -- (What's vision)

譯自 : Three essays on the theory of sexuality

ISBN 978-986-94750-4-4(平裝)

1.性學 2.性心理

172.7　　　　　　　　　　　　106012093

高談文化 CULTUSPEAK PUBLISHING CO., LTD ｜ 華滋出版 ｜ 拾筆客書坊 ｜ 九韵文化 ｜ 信實文化 ｜

追蹤更多書籍分享、活動訊息，請上網搜尋　拾筆客

What's Vision
性學三論
Three Essays on the Theory of Sexuality

作　　　者：西格蒙・佛洛伊德
封 面 設 計：黃聖文
總 編 輯：許汝紘
美 術 編 輯：陳芷柔
編　　　譯：孫中文
行　　　銷：郭廷溢
總　　　監：黃可家
出 版 品 牌：華滋出版
發 行 公 司：高談文化出版事業有限公司
地　　　址：新北市蘆洲區民義街71巷12號1樓
電　　　話：+886-2-7733-7668
公 司 官 網：www.cultuspeak.com.tw
網 路 書 店：www.cultuspeak.com
客 服 信 箱：service@cultuspeak.com

書 籍 定 價：新臺幣 380 元

總 經 銷：聯合發行股份有限公司
香港經銷商：香港聯合書刊物流有限公司

2017 年 8 月 初版
2021 年 10 月 初版二刷

法 律 顧 問：張智凱 律師
版 權 所 有 ・翻 印 必 究

會員獨享
最新書籍搶先看 ／ 專屬的預購優惠 ／ 不定期抽獎活動
Search　拾筆客　　　www.cultuspeak.com